强势占领

QIANGSHI ZHANLING JIADUOBAO

加多宝

孙惟微◎著

北方妇女儿童出版社

长春

图书在版编目（CIP）数据

强势占领：加多宝 / 孙惟微著.——长春：北方妇
女儿童出版社，2015.3
ISBN 978-7-5385-8261-1

Ⅰ．①强… Ⅱ．①孙… Ⅲ．①饮料－食品工业－工业
企业管理－经验－广州市 Ⅳ．①F426.82

中国版本图书馆CIP数据核字（2015）第007404号

出 版 人	刘　刚	
出版统筹	师晓晖	
策　　划	慢半拍·马百岗	
责任编辑	张晓峰	
封面设计	红杉林	
开　　本	700mm×1000mm　　1/16	
印　　张	14.5	
字　　数	260千字	
印　　刷	北京中科印刷有限公司	
版　　次	2015年3月第1版	
印　　次	2015年3月第1次印刷	
出　　版	北方妇女儿童出版社	
发　　行	北方妇女儿童出版社	
地　　址	长春市人民大街4646号	
	邮　编：130021	
电　　话	编辑部：0431-86037512	
	发行科：0431-85640624	
定　　价	39.80元	

| 目　录 |

第 *9* 章　企业传讯——公关比广告更重要

第 *10* 章　内忧外患——外战比内战更难打

附录 *1*　凉茶大战 36 计

附录 *2*　凉茶大战时间线

序　加多宝为何能成为"凉茶领导者"

所谓定位，就是令你的企业和产品与众不同，形成核心竞争力。

——杰克·特劳特

加多宝能够成为"凉茶领导者"，有三大原因。

第一个原因，追随者都被忽悠瘸了

比如，加多宝的领导逢人就讲，成功主要得益于"怕上火喝加多宝"这一定位。

任何读过《定位》的人都知道，这其实哪是一个定位啊，这就是一个基本功效介绍。广东有上千个凉茶品牌，哪种凉茶不能预防上火呢？

最初，只有岭南人才知道凉茶能清火，别的地方的人还以为凉茶就是隔夜茶呢。

任何一种新商品在市场导入期，都要为全国消费者介绍一下它的功效。世界上食盐有上百种，加碘盐、低钠盐、钾盐、天然海盐……恐怕没有哪种食盐会将自己定位成"咸味"吧？

天真的追随者开始围绕"下火"做文章，结果只是陪太子读书，帮着普及凉茶能降火的常识，胜利果实都被加多宝和王老吉摘取了。

人家说"怕上火喝加多宝"，一些追随者恨不得向消费者宣布"下火功能我最牛"。

真的这样又要"扑街"了，"怕上火"又不是"治上火"。一款作为饮料卖的凉茶，治上火难道比黄连上清丸还牛？真的出现严重上火的人，都去药店或医院了。

"怕上火喝加多宝"可以有三种解读：

喝加多宝不会导致上火。

喝加多宝可以预防上火。

喝加多宝可以治疗上火。

所以，这句口号妙就妙在一个"怕"字。

还有很多企业，模仿加多宝用马口铁三片罐包装，这其实是一种傻大粗笨的包装形式，用铁罐包装草药汤更是不可理喻，可是，很多追随者硬是相信，消费者可能更喜欢铁罐包装。其实，选择铁罐包装是创始人陈鸿道当时太穷了，迫不得已做的一个选择。

你看，现在加多宝有钱了，开始全面改用铝罐包装了。

第二个原因，快乐内涵，吉庆"定位"

企业家介绍经验，大多是一种阴谋，一种公关软文，人家姑妄言之，咱只能姑妄听之。

王老吉和加多宝如果真的有所谓定位，"吉庆"勉强算是一个。加多宝捷足先登，已经注册下了"吉庆时分"商标，广药和加多宝现在正在争夺这一商标。

加多宝的销售旺季是什么时候？

最容易上火的夏季吗？错！是寒冷的春节前后20天，这20天的销量等于全年销量的三分之一！

最直观的比较是广药的绿盒王老吉和红罐王老吉，都是一个销售团队在运营，销量完全不在一个档次。按理说，绿盒更符合"怕上火"的定位——绿色代表植物和清凉嘛！并且，绿盒性价比更高一些，包装形式也更安全一些。可是，绿盒的销量偏偏就赶不上红罐！

吉庆内涵当然是和"红罐装潢"权粘合在一起的。因为大红底色加上讨喜的商标名字，非常能迎合喜庆的氛围。不论是探亲访友，还是欢聚时分，来一罐吉祥的饮料，真是万千祝福尽在不言中啊。

所以，加多宝和广药之间对红罐包装权的归属也争得不可开交。据加多宝方面说，他们老大陈鸿道早在1995年就亲自设计了红罐包装。这个说法也对也不对。

其实，早在1986年的香港电影《僵尸家族》里，就已经出现有红底黄字的盒装王老吉的镜头！

你没有看错，其实王老吉在香港的一脉，已经销售了一百多年，从未间断。红色包装更受欢迎，是经过长期市场检验的一个真理。

真的要做追随者，赶紧把名字改得讨喜一点，包装底色用大红色。喜庆的饮料销量不会太差，正如爱笑的女孩运气不会太差。

第三个原因，加多宝占尽天时、地利、人和

当王老吉凉茶仅有1个亿的盘子的时候，陈鸿道已经开始搭建200亿的销售班子了。为此，他花了三百万元年薪，从百事公司挖了6名销售高管，雇用了大量的业务员，开拓终端销售网络。

1个亿的盘子，200亿的班子。当时在饮料同行中被传为笑话。

聪明的同行认为陈鸿道不懂行情，为人力资源买单属于傻瓜。但不久加多宝的销售额就实现了连年翻翻。以至于到了 2012 年的时候，几乎已经没有什么新的销售终端可以开发了。

得终端者得天下，当年百事中国公司应该也明白这个道理，只是没有坚持下去，一心在广告、营销、定位上出风头，结果终端都被可口可乐给占了，连模仿者加多宝也超越了它，最后百事不得不下嫁给康师傅。

现在的追随者再模仿吴炳新、史玉柱、陈鸿道一样去建自己的销售终端队伍，已经机会渺茫了。别的不说，光是人工成本就够你喝一壶的。

陈鸿道赶上了中国的人口红利，别人觉得他犯傻，他却觉得自己捡了便宜。

所以说，陈鸿道最神秘的地方是其驭人术，榨取剩余价值也符合其资本家的本性。

广药倒是财大气粗，但真的在终端与加多宝竞争的时候，就要上演全武行了。

不惜肉搏的地方，才是真正的命门！

加多宝不是靠一两个核心竞争力取胜，而是赢在"核心竞争链"的构筑，除了销售终端严防死守，加多宝与代工厂商、上游供货商都签订有排他性协议。广药收回王老吉商标后，光是找某一种罐上的拉环都找了很久。

所以，就算你有自己的销售渠道，仅仅这种供应链壁垒，就能拖住你一年半载的。

供应链跟不上没有产能，你营销做得再好，货架上没货也不行啊。

没有产能，你销售队伍执行力再强也不行，就好比战场上士兵没有子弹。

时来天地皆同力，运去英雄不自由。更多细节，将在本书正文中一一复盘。

第 *1* 章

夺面双雄——装潢比商标更重要

历史是由胜利者书写的，但事实真相只有亲历者才知道。

——约阿西姆·派普

就算没有百事可乐，我也会尝试发明一个。它使我们双方无时无刻不提高警惕。

——郭思达（可口可乐前CEO）

这些年，加多宝凉茶异军崛起，攻城略地，给人一种极其"生猛"的印象。

必须承认，加多宝集团在产品研发、供应链管理、渠道管理、终端控制、市场营销等方面的做法皆有可圈可点之处。而其创始人陈鸿道的商业谋略也不亚于史玉柱、宗庆后等商业大佬。

在这些做法之中，哪些是高瞻远瞩，哪些是在探索中的改良，哪些是因祸得福，哪些是"乱拳打死老师傅"，哪些是"好钢使在刀刃上"，哪些做了无用功？……还需要做一个客观地评析。

首先，我们还是要从加多宝集团和广药集团的恩怨纠葛说起。

一场瘟疫，王老吉横空出世

王泽邦（1813—1883），广东鹤山人，乳名阿吉，成年后人称"吉叔"或"王老吉"。

王泽邦出生的时代是距今约200年的清朝道光年间，那个时候，人们普遍是早婚的。王泽邦15岁的时候，就早早成家立业了。

有一年，广州城疫病蔓延，王泽邦偕同妻儿上山避疫。

极富戏剧性的是，王泽邦在避难过程中，于山野遇一位方士，这位云游的世外高人告诉泽邦一副药方，可以对抗疾病。

泽邦获得药方后，就积极采购药材，认真炮制。

如人们所知，这个药方就是后来的王老吉凉茶的原始配方。

王泽邦依照药方，熬煮药茶，同时将之免费派发给患病的人服用，据说喝后果然药到病除。

此后，王家自是开枝散叶，生意日隆。王泽邦共有三个儿子，长子贵成、次子贵祥、幼子贵发。1883年王泽邦去世，享寿70，葬于白云山大金钟地区。王泽邦临终安排，凉茶业务交由三个儿子共同管理。

长子贵成一支留在大陆发展，次子贵祥一支去往澳门发展。

王泽邦的三儿子王贵发最富有开拓精神，在1889年，贵发带着大儿子王恒裕去了香港。

1897年，王恒裕一支于香港文武庙直街（今荷李活道）设店，与广州王老吉分家，并将王老吉"杭线葫芦"的商标注册，成为第一个注册的华商商标。葫芦有"悬壶济世，普救众生"的寓意。王老吉传到第三代王恒裕的时候，事业发展最为辉煌。后来，就开始逐渐走下坡路，澳门一支的王家后人索性放弃祖业。

1934年，王恒裕病逝，16岁的独子王豫康继承生意。王豫康最潦倒的时候甚至不得不卖掉商标还债。商标既然卖过一次，再出租一次有何不可？

一场运动，王老吉尘封雪藏

1949年以后，王家分为两支，一支传人将凉茶店开到了香港、澳门，并将王老吉"橘红底的杭线葫芦"的商标注册。另一支则留在中国大陆。

1956 年，在社会主义改造的大背景下，私有企业全面进行公私合营。国家以赎买形式购得王老吉的祖业，并将嘉宝栈、常炯堂等八间私营中药厂合并，统一命名为"王老吉联合制药厂"。

"文革"之初，由于不能"替资本家涂脂抹粉"，王老吉联合制药厂改名为广州中药九厂，王老吉凉茶改名为"广东凉茶"。"王老吉"这个品牌在大陆被尘封雪藏。

1982 年，改革开放后的第四个年头，广州中药九厂改名为广州羊城药厂。这时候，广东省政府将一批百年老字号重新启用，比如王老吉、潘高寿、陈李济等，打包授予了广药集团。

1986 年 6 月，王老吉商标重新注册公布。

■王老吉联合制药厂的纸媒广告

1992 年，邓小平南方谈话之后，广东的经济也随之迎来了发展的高峰。这一年，广州羊城药厂改制，成为国有股份制企业，改名为广州羊城药业。不久，广州羊城药业作为控股公司和其他几家制药企业进一步合并为广州药业集团（以下简称"广药"）。广药集团推出盒装"王老吉"和罐装"王老吉"凉茶，重新启用了这一商标。

不久，广药筹划在香港、上海上市。这个时候，广药需要剥离一些资产，其中就有王老吉等一些品牌资源。

借尸还魂，陈鸿道寻访王老吉

陈鸿道，广东东莞长安镇人。

长安镇位于东莞市南端，东邻深圳市，南临珠江口，西连虎门港，是中国改革开放的前沿。这里是陈鸿道的故乡，也是他的福地。

陈鸿道早年从事过饮料批发生意。陈鸿道最初代理的一个品牌是新加坡的"杨协成"，这也是一个老字号品牌。杨协成是改革开放后第一批进军中国大陆市场的饮料企业，比康师傅、统一更早。

陈鸿道在代理杨协成后，曾经用自己的名字注册过一个商标，叫"鸿道"。陈鸿道用这个商标找厂家贴牌生产八宝粥，但是产品没有打开市场。

鸿道八宝粥滞销的这次挫折，让陈鸿道明白从零开始创造一个知名品牌何其困难，坚定了陈鸿道宁可租赁，也要用品牌开拓市场的决心。

20 世纪 90 年代初，陈鸿道通过饮料批发赚到了一些钱，通过一番运作后获得了香港永久居民身份，并在香港成立了鸿道集团。

然后，陈鸿道以港商身份回到东莞，继续做生意。鸿道集团虽然名头很大，但实力仍然有限。在香港注册公司是非常便利的，一个人要成立一个集团，手续比在内地开个小餐馆还简单。

这个时候，王老吉的后人已经纷纷转行，改做其他营生。在香港，也只有屈指可数的几位后人，仍在继承祖业，维持着小作坊式的惨淡经营。

1990 年，陈鸿道前往香港找王老吉后人洽谈商标和配方使用事宜时，在一条不起眼的小胡同里找到了王老吉的"百年祖铺"。这个时候，陈鸿道只需出一个差不多的价码，就可以长租一个行将就木的百年老字号。

陈鸿道曾经是老字号"杨协成"的代理商，又有过创业失利的教训，深知老字号的价值。鸿道集团如果想涉足凉茶生意，借"王老吉"这块牌子开拓市场无疑是最快捷的方法。

"借尸还魂"是一种高段位的商业运作手段。像 LV、爱马仕之类的奢侈品品牌，在被资本家注资、并购之前，也只是维持着传统作坊式的生产，品牌的内含只是一种腐朽、没落的昔日贵族象征。在被资本兼并后，运用现代传播和营销手段，得以迅速重生，并焕发出前所未有的生机。

1995 年，陈鸿道在香港获得了"王老吉"商标和秘方的使用权，以鸿道集团的名义在香港生产和销售罐装王老吉凉茶。

但香港市场背景太小，陈鸿道想把这种产品卖到中国内地。但由于早在 1986 年，广药集团前身的广州羊城制药厂就已注册了王老吉商标并生产药品，陈鸿道生产的凉茶也暂时以"清凉茶"命名。

陈鸿道想做出一款占领全国市场的凉茶饮料，就必须向广药集团收购或租赁王老吉商标。

欲振乏力，广药出租王老吉商标

此时的广药集团，手里攥着一大把类似王老吉这样的老字号商标，比如潘高寿、陈李济等。

广药集团当时在筹备上市，广药集团的核心竞争力在药品上，需要剥离一部分像"王老吉"这样的非核心资产。因为"王老吉"主要代表性产品是凉茶。广药的凉茶分颗粒冲剂和罐装凉茶两种，对于后者很难将其划入药品中去，属于非核心业务。

"王老吉"凉茶为什么不可以走广药的药店渠道？因为罐装凉茶与真正"去火"的药物相比属于"非主流"。这种凉茶在正统的中医眼里只是民间的偏方饮料。如果想将王老吉销量提升，就必须另建一支饮料行业的销售队伍。无论从资金、人才还是成功概率上讲，广药集团都不可能分配过多的资源给王老吉。

当一个人手里全是好品牌的时候，某些好品牌有时也会成为鸡肋。广药出租品牌，既有力不从心的原因，也有顺水推舟的布局。既然有人愿意做饮料，我们的资源自己也使用不上，不如出租算了。

如果时光能够倒流，陈鸿道宁可砸锅卖铁也要买下大陆王老吉的商标。

但话又说回来，就算陈鸿道倾其所有，广药集团也未必会卖王老吉这个商标。

广药高层人员绝非目光短浅之辈。相反，广药当时的决策层是大事不含糊，非常有远见。他们只把王老吉商标使用权的罐装部分租给了鸿道集团。

1995 年，漫长的谈判、审批结束，广药集团正式将罐装王老吉品牌授予鸿道集团有偿使用。香港和大陆两支"王老吉"通过鸿道集团，在分割 80 余年后第一次建立起联系。

双方达成"瓜分"市场的协议：批准鸿道集团在大陆使用"王老吉"商标，生产、销售易拉罐装凉茶饮料权，广药集团则保留了生产销售盒装王老吉、王老吉凉茶颗粒等权利。鸿道集团第一年向广药集团交付商标使用费 60 万元，以后每年递增 20%。

陈鸿道这个时候特意在英属维尔京群岛注册了一个名叫"加多宝"的离岸公司，专门用来做饮料生意。鸿道集团属于加多宝的母公司。

1995 年到 2002 年这段时间，可谓加多宝和广药的蜜月期。广药集团每年收取递增的品牌租赁费用，而王老吉（含绿盒）的市场份额也慢慢做到了一亿元左右。1997 年 2 月 13 日，情人节的前一天，双方重新签订协议，鸿道集团 1997 年支付商标使用费 200 万元，1998 年起每年支付 250 万元。

2000 年，广药集团再次授权许可鸿道集团旗下的加多宝公司使用红色罐装凉茶上的"王老吉"商标，期限到 2010 年 5 月。

广药出租王老吉商标，可以说是一招借船出海的妙棋。王老吉虽然是百年老字号，但中间被尘封多年。虽然广药早在 1992 年就已经生产罐装、盒装王老吉，但效果并不是很理想。

由于国企在市场上的进攻性、灵活性等方面比不过民间资本，不如租一部分出去。假如加多宝把王老吉经营得很差，那也不会对王老吉这个品牌有彻底的伤害。如果加多宝能把罐装王老吉发扬光大，广药可以在租约期满顺理成章地收回商标，搭上顺风车。

"王业"不偏安，王老吉六度北伐

广东，乃湿热之地。凉茶，是市场需求的产物。一百多年来，凉茶只是偏安于岭南一隅的区域性药饮。但是，红罐王老吉从诞生之初就瞄准了全国市场。

从1995年到2002年，加多宝在七年之中曾经"六度北伐"，试图将红罐王老吉卖向全国，但均铩羽而归。可谓屡败屡战，屡战屡败。

加多宝能够将凉茶这款区域性饮料卖到大江南北、长城内外，是走过很多弯路，经过很多挫折，交了很多学费后，才找到了正确的打法的。

当然，所谓的北伐，也就是将产品常识销售到福建、浙江、四川等广东以北的地方。"六次北伐"失败的原因，根源还在市场需求。

绝大多数北方人根本不知道凉茶为何物，凉茶是不是隔夜茶啊？而略知凉茶的北方人，对凉茶也抱有戒心：这玩意儿究竟是茶还是药啊？是药三分毒啊！

即便在广东，加多宝仍不得其门而入。大多数的食品经销商、批发商拒绝代理加多宝的凉茶，就算有愿意代理的，也非常谨慎。据一位广东经销商回忆，1997年时，他向加多宝提货，一次最多只敢要300罐凉茶，这些凉茶销售惨淡，有时装凉茶的马口铁罐子都生锈了还卖不完，最后只能要求加多宝经销商换货。为了不让士多（小店）退货，这位经销商不得不发动员工和亲朋好友当"托儿"前往一些士多购买，否则士多店主就不会再卖王老吉了。那时，陈鸿道用借来的几辆送货车跑遍珠三角几大城市才勉强完成凉茶的铺货任务。

另一个原因是加多宝公司尚未摸索到核心业务，八宝粥、冰红茶、乌龙茶、凉茶，什么都做。没有聚焦点，没有拳头产品，只是一个处于探索期的创业型公司。有一个鲜为人知的事实，王老吉这个商标，在20世纪90年代，曾经用来做过冰绿茶、冰红茶、乌龙茶。但有多少人还能记得这些昙花一现的王老吉牌的饮料呢。

王老吉凉茶每年一亿元左右的销售额，陈道鸿强行建立渠道，注定要付出很高的成本。

用事后诸葛亮的眼光分析，广东凉茶其实还是具有卖向全国的客观条件的。

第一，最根本的原因，还是市场有需求。

改革开放后，中国人的生活方式发生了很大变化。随着中国经济的高速增长，人们的消费水平得以提升，肉食的普及、川菜的流行，使得全国人民不分南北，都无肉不欢、无辣不欢。此外，熬夜晚睡的人也多了，这让"上火"也成为了一种常见的亚健康状态。北方很多地区普及了暖气，冬天吃火锅进补的习惯加上暖气，使得冬天北方某些地方的人比南方人更容易"上火"。最重要的是，随着贫困人口的减少，花几元钱买一罐饮料解决口渴的问题，已经是一种很自然的消费形态。

第二，过去的凉茶铺子，受制于产能瓶颈，就算有好的凉茶产品，也难以成为一个全国性品牌。但是，随着科技的发展，萃取技术、瞬间杀菌工艺、包装工艺、机器生产线等取得了长足进步，大规模、工业化产量成为了可能。

第三，电视媒体的普及，也为塑造一个全国性品牌创造了条件。加多宝需要做的，就是尽量消除大众"凉茶是寒凉苦药"的恐惧。加多宝和它所聘请的策略顾问，设计出了"怕上火，喝王老吉"这一通俗、简洁的"slogan"（作者注：口号、宣传语），非常利于培育市场。

在多次向全国铺货的努力尝试中，加多宝收获了一些经验和教训，也找到了几个销量奇好的"根据地"，比如温州，福州等。

万事俱备，就差一个引爆点了。

又一场瘟疫，王老吉凉茶引爆流行

有时，一场危机爆发，一些人会陷入危险，另一些人会莫名其妙地迎来机遇。

2003 年的"非典"，至少促成了两家中国民营企业呈现井喷式发展，一个是马云创办的淘宝，另一个就是经营红罐王老吉凉茶的加多宝。

这"二宝"无疑是"非典"的受益者。为了躲避 SARS 瘟疫，老百姓开始选择了网购，这样淘宝网业务呈现出了爆发式增长。也正是 SARS 瘟疫，使得白醋、板蓝根都卖断货。SARS 瘟疫，让很多抢不到板蓝根的顾客开始盯上了加多宝公司生产的凉茶。

顾客心理其实是个很怪诞的东西。人类行为学研究显示，当人在面对一种确定的风险时，极可能选择冒另一种风险，来博取一种安全感。

这个时候，"是药三分毒"的风险也被选择性遗忘，凉茶淡淡的草药味，还能让不少人获得一种额外的安全感呢。当广东凉茶被列入防治非典用药目录之后，更进一步强化了老百姓的这一认识。

红罐王老吉的销量开始迅速飙升，很多地区都卖断货。很多品尝过红罐王老吉的消费者发现，这种带有草药风味的饮料，甘甜可口，当作日常饮料也挺好。要知道，可口可乐的前身也是一种含有草药的碳酸饮料。

这次席卷全国的 SARS 危机，促使加多宝董事长陈鸿道下定决心，将其他产品业务全部砍掉。将所有优势资源，全部押在王老吉凉茶身上。

加多宝的成功，固然有运气的成分，但经营者眼光、魄力、毅力也是缺一不可的。

广东有那么多大大小小的凉茶品牌，都曾受益于"非典"，为什么只有加多宝凉茶这头"暴风口的猪"飞了起来？

陈鸿道提前布局，创业伊始就谋划全国市场，虽然屡败屡战，但昔日缴的学费，在机会来的时候都派上了用场。当市场转好的时候，加多宝尝到了市场的头啖汤，接着又及时聚焦业务，孤注一掷，重金砸广告，豪赌凉茶。所以成为了暴风口上唯一青云直上者。机遇是留给有准备的人的。

伏线千里，"老超人"躺着中枪

老话说：瘦田没人耕，耕开有人争。

有策略顾问早就建议陈鸿道启动双品牌策略——就像后来加多宝在2012 年过渡期那样，一个易拉罐上同时打加多宝和王老吉两个商标。

陈鸿道反而安慰起这位顾问："别担心，会好起来的。"陈鸿道对未来是充满胜算的信心，因为他为王老吉这个商标上了"双保险"。

在 2003 年 SARS 瘟疫爆发之前，不论是广药集团还是陈鸿道，都对凉茶市场到底有多大没有把握。王老吉这个品牌，对于广药而言，只是一块鸡肋，否则也不会将其出租。

对于陈鸿道而言，他虽然需要这块"鸡肋"，但在商言商，他必须为这块鸡肋估一个合理价。

SARS之后，王老吉商标的价值已经凸显。陈鸿道打出广告是："怕上火喝王老吉。"广药的广告则乘风而行"王老吉还有绿盒的"。

对于租赁商标的风险，陈鸿道不可能没料到。但陈鸿道也有着商业上的精密考量。

2003年，王老吉凉茶已经引爆流行，王老吉这个品牌的价值开始凸显。加多宝方面曾经派人和广药沟通，希望以一个亿的价格买下王老吉商标，但结果是不了了之。于是，加多宝与广药集团签署了一份补充协议，将租赁时间延长到2020年。这是第一道保险。

第二道保险，海外王老吉已被陈鸿道收归旗下，陈鸿道考虑的是将海内外王老吉商标走向联合，并通过资本手段完成与大陆王老吉的合体。

2004年，香港同兴药业公司与广州药业股份有限公司（白云山药业公司前身）设立广州王老吉药业股份有限公司，生产销售绿盒王老吉等产品，双方各占48.0465%的股权。合资至2015年1月25日止。时隔近40年，王老吉又重新成为药厂字号。

很多证据表明，陈鸿道极可能就是香港同兴药业的幕后人。这也为日后绿盒王老吉内讧埋下了伏笔。

在这场凉茶大战中，有眼尖的媒体捕捉到了向来低调的香港"超人"李嘉诚的影子，因为王老吉药业的投资方是白云山药业公司，而李嘉诚是白云山药业公司的股东。

而同兴药业的董事叫李达民，李达民是香港"股神"李兆基的胞弟。于是，一些陈谷子烂芝麻的旧事被重提，传说李兆基和李嘉诚的关系不睦，一个证据是李兆基给自己的二儿子起名叫李家诚。李嘉诚和李兆基都拥有深厚的人脉，同时也是商界的太极高手。至今，这两位老先生并未对此事发表任何看法。

广加愿两立，陈鸿道走为上计

2005 年，局势急转直下，加多宝陷入了自创立以来的最大危机。

原广药集团副董事长、总经理李益民供述，由于女儿骨盆粉碎性骨折，自己曾向陈鸿道借过 300 万港元，用于女儿的治疗及诉讼费用。

不久，陈鸿道因涉嫌行贿，被广东警方刑拘。在取保候审期间，陈鸿道放弃保证金，逃至境外，从此再未踏入大陆半步。

广药集团据此认为，李益民是受贿后才签订商标租赁时限延长协议的，在 2002 年到 2003 年间，加多宝与广药集团所谓的补充协议无效。

2012 年 5 月 9 日，中国国际经济贸易仲裁委员会做出终极裁决，支持广药集团的诉讼请求，香港鸿道集团停止使用王老吉商标，自裁决之日起生效。

加多宝和广药的关系，并不像一些财经文章写的那样势不两立，而是冲突和互惠并存的。陈鸿道在广东警方的眼皮子底下消失后，由于无人知道此公去向，警方也没有跨境追缉。于是乎，一种堪称怪诞的商战博弈展开了。

一方面，广药对加多宝围而不歼。另一方面，广药只要反击稍重，加多宝就喊："这是要赶尽杀绝啊！"双方绝大多数的时候是在打口水仗，极少采取大规模法律武器。

还有比这更让人费解的事吗？

只能说，广药集团深谙"围师遗阙"之道。国有企业中不乏有眼光、有魄力、有手段的高人。

　　为什么要给加多宝一条生路？一方面，广药可以"师夷长技以制夷"（严格来说，加多宝属于外资企业）。另一方面，凉茶市场群雄逐鹿，不如树立一个可以控制的敌人，可以替自己荡平道路，坐收渔人之利。此外，加多宝牵涉到全国几万人的就业问题，如果真的把加多宝"赶尽杀绝"，那就不是简单的商业事件了。

　　这种双寡头垄断的格局，从长期来看对二者是非常有利的。两者共占有了市场上80%左右的市场份额，其余的品牌基本都被挤出了市场，或者只能固守很小的"利基市场"。在相当长一段时间内，广药是不愿也不能把加多宝赶尽杀绝的。

　　就像可口可乐和百事可乐，二者的商战万众瞩目，实际上对两大品牌都是有利的。可口可乐历史上最伟大的CEO郭思达就曾说过，就算没有百事可乐，他也考虑制造一个这样的对手出来。人们喜欢听"可乐争霸战"的趣闻，两公司精明的销售人员意识到，在任何一场战役中无论哪方获胜，激烈的竞争引发的社会舆论只会有助于饮料的销售。赚尽眼球的这两大厂家，也会心照不宣地挤对试图进入它们领地的其他可乐厂商。

　　其实，世界上最希望王老吉品牌能健康成长的人，陈鸿道算其中之一。并不是说陈鸿道胸襟多宽广，而是因为王老吉的海外商标使用权目前还在陈鸿道手中。广药如果能把王老吉这个品牌运作好，陈鸿道就可以坐收厚利。如果王老吉想走出海外，最终可能还要和陈鸿道合作。

　　所以，两家都对公众媒体自说自话，痛陈自己的苦水，却很少真正出重拳打击对方。

　　至于李益民，因为受贿罪身陷大牢。一个大型国企的董事长，居然为区区300万元港币铤而走险，这种案件是带有时代烙印的。

　　在市场逐利的过程中，一些民营企业就像野狼，为自己的生存而战，犀利、生猛、进取；一些国有企业就像忠犬，进攻性不足，却也能做到尽职尽责，守护国有资产。一位剧作家曾这样写道：在日月交辉的黄昏，视线变得模糊，你无法分辨，从远处朝自己走来的那个身影，是自己的忠实爱犬，还是前来捕食的狼。此刻，善恶的分野已变得模糊，融化成了一片血红的残阳……

利益交织，别往井里吐口水

几乎所有行业，都是针对外行人的串谋。

比如魔术师，如果谁不断地通过电视向观众揭秘魔术背后的玄机，等于断了大家的财路，注定要受到排挤的。

西谚云："不要往井里吐口水，因为当你渴的时候也要喝井里的水。"

有一个方便面品牌叫"五谷道场"，这个品牌的老板现在已经易主。原来的老板由于经营不下去了，不得不把公司卖给了中粮集团。

坊间有一种传说，五谷道场是被同行联手整死的。五谷道场方便面的定位是：非油炸，更健康。

五谷道场你真是够了，非油炸也就算了，还要强调什么更健康！这不是在暗示油炸方便面不够健康吗？你还让其他同行活吗？你这不是在作死吗？

不久，质疑的声音就起来了："非油炸就更健康吗？"一些经销商、大卖场也开始抵制五谷道场的非油炸方便面。

在广东，还有一个比较出名的凉茶品牌，叫作"邓老凉茶"，配方出自中医名家邓铁涛之手。

邓老凉茶最初的定位是：清火不伤身！

15

这个定位其实是很有杀伤力的，因为它不仅强调了邓老凉茶能清火，还暗示了其他凉茶有可能是伤害身体的寒凉苦药。

但是，邓老凉茶现在已经弃用了这一定位，这实在耐人寻味。

凉茶就算有再多争议，也比不上可乐销魂蚀骨——咖啡因可以刺激神经，碳酸可导致骨质疏松。凉茶"喉咙份额"的不断上升，是与碳酸饮料的"喉咙份额"下降对应的。与其他种类的含糖饮料相比，凉茶仍不失为一种健康饮料。

广药和加多宝争而不斗，一个重要原因在于，双方还有很多交织在一起的共同利益，他们不但要共同维护凉茶这个品类，还要维护王老吉这个品牌。未来会不会继续合作，图谋更大的市场，谁知道呢？

天下大势，合久必分，分久必合。

"怕上火"不是一个定位

凉茶这个品类，最初只有两广市场的消费者明白它的功用。再往北方去，有些人甚至会认为"凉茶"只是一种隔夜茶。

加多宝早期有一个广告"天地正气王老吉"，模仿的是可口可乐的高感性路线。这则广告给人的感觉就像小女孩偷用妈妈的唇彩，这则广告效果无功无过，肯定不如"怕上火喝王老吉"。

可口可乐创立最初的 20 年，是产品导入期，20 年间的广告几乎全部是宣传可口可乐药效的。等可口可乐逐渐步入成熟期，其广告才慢慢开始走感性路线——越来越感性。王老吉凉茶虽然历史更悠久，但市场发育却晚了很多，仍处于"导入期"，所以宣传产品功能才是正道。

严格来说，"怕上火，喝×××"并不是一个品牌的定位。至多是一个品类的定位。

预防上火，是所有凉茶的一个最基本的功能。万金油即使能治百病，但"清凉"是其最起码的属性。无论什么牌子的万金油，也不会给自己一个"清凉"的定位。

不能因为我读书少，就告诉我这是一个品牌"定位"。

任何一个能识文断字的人都知道，"怕上火，喝×××"，至少会产生三种歧义：

1.这是一种喝了不会上火的饮料。

2.这是一种能够预防上火的饮料。

3.这是一种可以治疗上火的饮料。

这种"定位"，可以指向普通饮料、保健饮料、药品的任何一项。用"怕上火喝，×××"而不是"防（治）上火，喝×××"作为口号，只是一种犹抱琵琶半遮面的宣传手法，以达到左右逢源的效果。

"怕上火，喝×××"只是一个模糊焦点的宣传手法，主要起普及知识，教育市场作用。

"怕上火，喝×××"更接近场景营销（scenes marketing），提示人们在熬夜、吃火锅、上火等场景下要记起凉茶这种饮品。

场景营销做得最好的是戴比尔斯钻石。钻石最初主要用于工业，因为它的硬度高可以划玻璃之类的硬物。钻石的成分是碳，地球上钻石储量非常丰富。有一种说法是"地球上有多少大米，就有多少钻石"。后来，人工钻石——金刚石又诞生了，天然钻石就更被冷落了。这时，出现了一个名叫戴比尔斯的营销奇才，他发明了"钻石恒久远，一颗永流传"这样的话，不但在各种媒体上宣传，也出钱在文艺作品中植入这样的场景：钻戒是婚礼的标准配件。戴比尔斯最了不起的地方有两点：一是在大众脑海中植入了"钻石是婚礼标配"这一场景；二是戴比尔斯垄断了全球 80% 以上的钻石矿脉。所以，钻石的出货量可以受到控制，不至于快速崩盘。

加多宝刚推出市场时，牢牢抓住了几个消费场景——火锅烧烤等餐饮场景、熬夜加班等容易导致"上火"的场景。可是，预防上火，是整个凉茶品类共有的基本属性。加多宝虽然是凉茶行业的领先者，但还不至于垄断市场。

加多宝做了十几年"雷锋"，只为把凉茶这个品类具有防上火、治上火的功效宣传得路人皆知。当然，顺便也把王老吉做成了凉茶品类的领导者。加多宝内部的营销负责人也不得不承认："怕上火"的宣传同时，也造就了整个凉茶产业的扩容。

"和其正"这匹黑马的蹿出，得益于加多宝的市场教育工作。就营销定位这一点而言，和其正可能是凉茶同行里做得最好的，如果和其正能把其他环节也做好，未来凉茶业鹿死谁手还未可知。这是典型的"智猪博弈"：小猪剥削大猪。"大猪"负责普及凉茶知识，"小猪"在后面捡漏，给出进一步的细分市场定位。

和其正凉茶的定位，就藏在它的商标里，暗示属于更柔和的凉茶、正元气的凉茶。也就是"清火气、养元气、做人要大气"。清火气，这三个字极其温和，仿佛吃碟青菜清清火气的力度。加之代言人陈道明的儒雅形象，更进一步强化了这种定位。这种更温和的凉茶定位，既强调了普适性，又不至于激怒同行。

从这个角度讲，和其正凉茶，反而是定位理论的最佳实践者。

当和其正推出瓶装凉茶的时候，加多宝简直苦不堪言。因为广药集团只授权加多宝公司生产罐装王老吉。和其正同样的价格，接近两倍的容量，而且瓶装不必一次性喝完，喝不完可以把盖子拧上。加多宝想在价格上绞杀这个新的进入者，简直毫无办法。当和其正打出"大瓶更尽兴"的广告时，更是领先一步，已经欲与药饮彻底撇清关系。

随着凉茶产品由市场导入期逐渐向成长期、成熟期过渡的时候，功能诉求的场景消费模式将变成阻碍自身发展的桎梏。根据加多宝公司公布的数字，加多宝自从换了品牌，换了宣传口号后，销量反而突飞猛进！

渲染神秘，争抢"正宗配方"

加多宝凉茶的最新广告，开始强调其正宗性。

为此，加多宝请出了王泽邦的后人王健仪"背书"，强调其配方的正宗。

广药方面则有两种声音，一种认为凉茶配方早已半公开化，不存在正宗不正宗的问题。甚至指责王健仪就是一个涉嫌做假账的"诈骗犯"。另一种声音则认为，广药拥有独家秘方，秘方之秘不在于成分，而在于成分的比例。

相对来说，"正宗凉茶加多宝"才更像是一个定位。但是，强调正宗，仍然是不得要领。

第一，加多宝现在的大部分营销努力，都旨在强调加多宝就是过去的王老吉。如果加多宝是正宗的，难道王老吉不正宗吗？就算你广告播放十年，消费者也懒得去探究个中曲直，这就是顾客心智的特点。

第二，已经不可能像可口可乐一样，渲染其配方的神秘色彩，因为已经错过了这个时间窗口，早干吗去了？你怎么能证明别家凉茶的配方不正宗？正宗这个卖点，并不能形成有效壁垒，还可能招来同行非议。可口可乐是全世界公认的神秘配方，难道就能将百事可乐赶出市场？

一般人喝不出加多宝和王老吉在口味上有什么区别。双方在外包装说明上的成分完全一样，都是：水、白砂糖外加仙草、鸡蛋花、布渣叶、菊花、金银花、夏枯草、甘草七味中药，且配料之间的前后顺序也相同。根据《预包装食品标签通则》中"各配料按制造或加工食品时加入量的递减顺序一一排列"的原则，两种凉茶配料加入量的比例也基本相同。

可口可乐其实也早弃用了最经典的配方，比如把其中的成瘾性物质古柯叶去掉了，凉茶也大可不必执着于正宗性，比如夏枯草，少放点或许更受欢迎。

在我国，每一版药典都会有所修正，今天可以随意使用的药草，也许一夜之间就会被禁掉了。如果有一天，凉茶配方里的某种草药被禁，你所强调的"正宗"就会成为一把双刃剑。

可以预言，未来广药的王老吉凉茶品牌可能会有三个品种，比如一种是绿色包装，微苦，强调其草本特性，怕上火就喝这种。另一种就是红色包装，这只是一种凉茶风味糖水，口感更柔和，可以随意饮用。还可以再出一种金色包装的无糖型王老

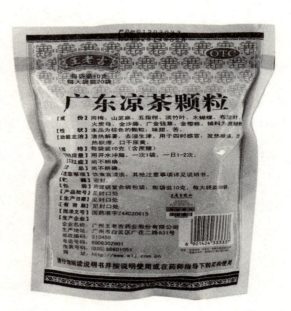

■广药集团出品的王老吉凉茶颗粒，无论成分还是功效，都与作为饮料的加多宝凉茶和王老吉凉茶不同，更接近于王老吉凉茶的原始配方。

吉凉茶，用罗汉果或蜂蜜替代现有的砂糖……

这就像可口可乐，追求刺激的可以选择经典可乐；追求健康的选择健怡可乐、零度可乐等。

正宗配方已经很难获得品牌溢价，这张牌，只是无关宏旨的副牌。过于纠缠，只会两败俱伤。

尽量淡化凉茶的"药物"色彩，强调它的普适性、娱乐性，才是凉茶争霸的胜负筹码。

娱乐争霸，凉茶的感性时代

人成熟后要走性感路线，产品成熟后要走感性路线。

凉茶与可乐一样，都起源于民间郎中的草药配方，一开始都强调其神奇疗效。但是，随着市场份额越做越大，就必须刻意弱化它的药物属性。

凉茶是一种高度同质化的商品，无论外观还是口感。管理学家汤姆·彼得斯早已预言，在日渐趋同化的市场环境中，人们对商品内在的娱乐需求将日渐成为消费购买的主要理由之一。在全民娱乐的时代，为产品注入娱乐元素，就会如虎添翼。

人在购买商品的时候，大脑要么进入理性抉择模式，要么进入感性选择模式。当你强调你的产品具有健康功效的时候，顾客大脑就开始比较、权衡、批判。人只有在娱乐的时候才会放弃对健康的执着：含不含尼古丁，含不含糖，含不含咖啡因，含不含酒精……都不重要，重要的是要爽！

作为一款含糖的饮料，强调快乐与产品的关联，要比强调健康与产品的关联更能促进购买。

凉茶进化论

一个凉茶品牌，想做成像可口可乐那样的产品，还需要"做减法"，要经历三级火箭式的品牌蜕变：治上火的灵药→预防上火的饮料→解渴助兴的饮料。正所谓"为道日损。损之又损，以至于无为。无为而无不为。"

凉茶，英文名字为"herb tea"，字面意思为草药茶。你可以说它是茶，也可以说它是汤药。

无论"中医黑"还是"中医粉"，都不待见凉茶。比如打假斗士方舟子，他就言之凿凿地认为，夏枯草是一种有毒物质。

凉茶成为时下流行的饮料，虽然受益于中医文化，但真正的中医爱好者对凉茶的态度却更为谨慎。因为他们讲究辨证施治，在他们的理念里，上火分为实火、虚火、肝火、胃火等。比如让一个胃寒的人喝凉茶，这简直是庸医滥用虎狼药。

类似"夏枯草事件"这样的危机，只是个间歇性发作的隐患，未来仍会发作。

但健康不健康并不是关键。就像可口可乐做的那样，忘掉健康，强调娱乐，别再哪壶不开提哪壶。

产品有周期，广告须应季

长期以来，凉茶仅是属于岭南一隅的区域性饮料。在广东，有大大小小上千个凉茶品牌。然而，凉茶又是一种高度同质化的产品。最初，整个凉茶行业的定位都是"治上火"。就连王老吉凉茶的"品牌故事"里，也一直说它曾经是对抗瘟疫、包治百病的灵药。

比如，广东有个凉茶品牌，叫"下火王"，这品牌本身就是一个定位，它锁定的目标是一个"利基市场"，也就是一个小众市场——那些上火已经很明显的人来喝。没有上火困扰的人是不敢轻易尝试的。

也许北方人不知道凉茶为何物，但肯定知道上火的概念，更知道"是药三分毒"的道理。

所以，凉茶如果想成为一种大众饮料，必须在宣传上淡化它作为药的风险，强调它作为茶的"普适性"。

凉茶，现在全国人民都知道它是一种可以清火的饮料了。从产品周期来说，它已经走过了产品介绍期。如果想占领更多的"喉咙份额"，就不能再执着于它的药用属性，否则就可能引起逆反，属于"哪壶不开提哪壶"。

作为凉茶跟风者，百事可乐推出过"草本乐"品牌的凉茶，可口可乐推出了"健康工房"品牌的凉茶饮料，但效果均不理想。王老吉凉茶的绿盒包装，更能给消费者一种"草本"的暗示，但它却不如"红罐"销量广。药效，对销售的推动作用很有限，而红色，本来就代表了一种吉庆的娱乐氛围，所以更畅销。

娱乐场景，即兴饮料

凉茶究竟是药还是茶，这不重要，关键是厂家要在消费者脑海中建立什么样的关联。

"怕上火，喝王老吉"虽然不是严格的定位，但在市场初期确实起到了培育市场的作用。但要图谋更大的市场份额，就应该考虑换个口号了。

就像可乐这种饮料，最初也是当作一种神经滋补药来卖的，最初的广告口号也不外乎"醒脑就喝可口可乐"之类。但随着市场越做越大，可口可乐如果想卖到全球，则必须改变这种宣传。

如今，提起可乐两个字，消费者最直接的联想是什么？当然是那些代言可乐广告的体育和娱乐明星吧。

王老吉赞助的央视娱乐节目《开门大吉》，也正是强化吉庆这一意境。

加多宝和王老吉闹分家期间，正赶上这个电视选秀节目的热潮。

浙江卫视的《中国好声音》，当时作为一档没有经过市场考验的节目，当很多企业还在踌躇是否应该赞助时，加多宝果断以6000万元就拿下了《中国好声音》第一季的冠名权。网上还有一种传闻，说加多宝为了一定要拿下这个冠名权，花费远远不止6000万，足见这次冠名是一次超值的投资。

后来，《中国好声音》第一季收视率遥遥领先，加多宝品牌也迅速蹿红。加多宝赞助《中国好声音》，搭上了娱乐营销这班快车，可谓福大命大。

加多宝、王老吉不约而同在娱乐营销上押重金。在加多宝续签《中国好声音》之时，王老吉也续签了央视的《开门大吉》。可以预见，在以后的热门娱乐节目的冠名权争夺战中，一定少不了加多宝和王老吉的身影。

在娱乐争霸赛中，加多宝扳回一局。

品牌即品类，名分即实惠

可口可乐公司历史上最伟大的CEO郭思达曾说："即使可口可乐在世界各地的厂房和设备一夜之间被大火化为灰烬，我们仍可以瞬间东山再起，公司的价值实际上存在于我们的品牌特许专营合同和公司的集体知识中。"

这句话经常被搞营销的人断章取义，编成段子，用来阐释品牌的重要性。

对于快消品（快速消费品的简称，下同）行业来讲，品牌相当于企业的头颅。产能、人力、技术、资金等相当于内脏、四肢、躯干。

相对而言，换品牌这种"换颅手术"难度极大。而加多宝凉茶，则见证了"品牌换颅"的奇迹。这个奇迹背后，有着更深层的商业逻辑支撑，我们将在后面的章节一一探讨。

"品类第一"比品牌更重要

为什么人类喜欢吹牛呢？因为吹牛会带来收益。

社会学中有个马太效应，意思是"强者恒强"。所以，吹牛者可以通过一种虚拟的优势，进而获得真实的优势。

20世纪70年代，美国营销专家艾·里斯与杰克·特劳特一起创立了"定位"理论。后来，两者分飞，各自发展。艾·里斯继续著书立说，在定位理论的基础上，又发展出了一些新观点。

里斯认为，人类的大脑偏爱走捷径，消费者更喜欢用某个品牌名来表达某个品类，通常很少使用品类名来描述他们的感受。

当你问一个人他喜欢哪种轿车时，他很少会回答："欧洲豪华车。"他更可能的回答是"奔驰"或"宝马"。

当你问一个人喜欢哪类搜索引擎时，很少有人回答说"综合搜索"，他们会说"百度一下"。

这种现象误导了营销人员，让他们忘了品类而直接推销品牌。这是个严重的错误。实际上当品类名和品牌名锁在一起，营销才会起到作用。你不能仅仅是奔驰品牌。奔驰和被称为"欧洲豪华车"

的品类锁在一起时才有价值。

品牌只是达到目的的工具。"品类"才是你真正有价值要占据的字眼。

也就是说，比品牌更重要的，是品类领导者地位。说起一个品类，消费者也只会记起品类领导者。比如，提起"能量饮料"，你首先想起的会是红牛。虽然也有其他"能量饮料"在不断打广告，但消费者却不愿去记住。

一句话：品牌即品类，名分即实惠。你能做到某个细分领域的第一品牌，就能代表整个品类，进而占有"赢家通吃"的优势。

尽管，广药和加多宝的商标之争已尘埃落定。可是，品类领导者的战火才刚刚燃起，注定会成为未来几年的争夺焦点。双方都知道，比品牌更重要的，是成为"品类领导者"。

加多宝重金投放广告所强调的"凉茶领导者"地位，实则是遵循了艾·里斯的论断。诸如被广药起诉的"每卖10罐凉茶就有7罐是加多宝"之类的口号，都是为了宣传自己"品牌领导者"的地位。

加多宝之所以能够顺利"换头颅"，从某种程度上可以说，是因为在经营王老吉品牌的十几年里，并没有为王老吉做一个成功的定位。

凉茶大战的双方都认为，巩固或抢回"凉茶品类领导者"这一心智资源对自己有利。所以，加多宝一再强调，每卖10罐凉茶，就有7罐是自己的产品。

在顾客心里重建凉茶"领导者"地位，是加多宝实施"换头手术"的一味补药，却不是换头成功的关键。

加多宝凉茶发展轨迹

自 1995 年陈鸿道在东莞长安镇建厂，红罐王老吉上市开始，加多宝集团的凉茶（前王老吉）销售额越做越大。

> 2002 年 1.8 亿元
>
> 2003 年 6 亿元
>
> 2004 年 14.3 亿元
>
> 2005 年 25 亿元
>
> 2006 年近 40 亿元
>
> 2007 年近 90 亿元
>
> 2008 年近 150 亿元
>
> 2009 年近 170 亿元
>
> 2010 年 190 亿元
>
> ——数据来源：华创证券

但是，2012 年之后，凉茶双雄广药王老吉和加多宝的销售数据，则是各执一词。两家就各自拿出不同机构出具的数据，来自证"销量第一"。

2014 年春，加多宝集团方面的发言人声称，根据全球权威调研机构尼尔森的数据显示，自 2013 年 1 月至 2013 年 12 月加多宝罐装凉茶市场份额仍高达 70.8%，特别在北方市场加多宝继续高踞 80% 以上的市场份额。另根据权威机构中国行业企业信息发布中心的报告显示：在罐装饮料市场，加多宝市场销售量份额高达 12.33%，销售额份额高达 15.27%，继续稳居罐装饮料销量第一名。"迄今为止，加多宝已第 7 年荣获中国'饮料第一罐'，全国市场销量领先品牌研究成果发布举办至今已 18 年，报告的权威性也受到了行业及舆论的认可。"

广药集团则拿出了另一份报告，根据中国商业联合会、中华全国商业信息中心联合发布的《2013 年全国重点大型零售企业凉茶销售调查报告》显示，从各大凉茶品牌销售情况来看，全国凉茶市场销售前十位品牌市场综合占有率合计为 91.2%，前三位品牌依次为：王老吉、加多宝、和其正，其中王老吉市场销售额占 49.93%。2013 年凉茶市场销售前三位的排名与 2012 年保持一致，而第六位以后品牌市场综合占有率甚至不到 1%。

尽管双方统计方式不同，得出的统计结果也不尽相同，但一个基本事实是，王老吉和加多宝已经成为凉茶市场数一数二的角色。成为凉茶市场争霸的双雄。

广药是上市企业，加多宝为非上市企业。双方的真实销量，可以参考纳税额、原材料消耗量等指标来考察。感兴趣的读者可以去做一番调查。

"蓝海型"行业（作者注：比喻没有竞争的市场领域），企业都希望"闷声发大财"，即使做成了行业老大，也尽量低调，成为所谓的"隐形冠军"。但是，所有的"蓝海"，终将沦为"红海"（作者注：比喻有残酷竞争的市场领域）。这个时候，由于"马太效应"的存在，强者恒强，胜者通吃，行业的领导者可以占尽先发优势。这个时候，为争抢行业领导者的名分，有些企业甚至不惜吹牛、"放卫星"，以期赢得竞争的制高点。

在"凉茶领导者"的争夺上，双方各不相让。谁夺得凉茶领导者名分，谁将在营销中更有优势。

釜底抽薪，广药力夺"怕上火"

经过司法判决，加多宝不但失去了王老吉商标，连"怕上火，就喝×××"这个宣传口号也一度被广药要求停用。

广药的这个诉求，可谓一剑封喉。

做营销的人都明白一个道理，宣传口号不能轻易改，一改，从前的广告宣传都白搭了。所以，脑白金几十年如一日，只用一个宣传口号，来强调"送礼就送脑白金"这一场景。

"怕上火，就喝王老吉"是加多宝公司花了十多年时间打出的一个"slogan"。这句口号喊得路人皆知，不仅要烧掉海量的广告费，更需要时间的积累。

加多宝继续沿用这一广告句式，就好比在失火的房子里搬出一些家具，无非是想抢回一些顾客的"心智资源"。

可是，如果加多宝能经过一段时间过渡，逐渐放弃这一口号，其实也无所谓，甚至可以因祸得福。这很可能在客观上帮助加多宝解套。

现在看来，"怕上火，就喝×××"本来只是一种"犹抱琵琶半遮面"的权宜之计，经过市场的演变，其历史使命已基本完成。假如"怕上火"广告被法院禁止了，加多宝用了十几年的口号也可以换一换了，让别人做雷锋去！

失去了沉没成本的羁绊，加多宝才可以涅槃重生！

过去，和其正出瓶装凉茶，加多宝无计可施。现在加多宝不但可以生产瓶装凉茶，甚至连盒装凉茶也上市了。

广药欲收回王老吉商标，一些人就写了一些酸腐文章，劝和不劝分。

其实，一拍两散，未尝不是一种解脱。与其同床异梦，不如各自高飞。从广药和加多宝分手之后的结果来看，双方也是各有增长，可谓双赢。

"怕上火"口号之争，其实意义已经不大。无论谁胜出，都不会影响全局。

群龙无首，吉

陈鸿道将一群草根力量聚集旗下，用十年时间打造出一个畅销全国的饮料品类，是当之无愧的"凉茶一哥"。

陈鸿道可谓商业枭雄，对市场有一种天然的敏感，在企业做大，需要理论包装的情况下，经过学院派"外脑"点拨，才恍然大悟：原来自己一不小心将凉茶做成了一个品类，而自己就是凉茶大王！

但陈鸿道这人最神秘的地方却是统御术。

加多宝集团是陈鸿道于 1995 年在英国维尔京群岛注册的，加多宝既不是上市公司也不是家族企业。在老板惹上官非，"潜逃"近十年的情况下，加多宝依然高速增长、突飞猛进，这才是加多宝让人不可思议的地方。

退一步讲，就算陈鸿道的驭人术不如推测的那么强，但形势也会逼他升级用人思维。

有句话说得好：忠诚比能力更重要。商界的忠诚，首先是对利益的忠诚。一位商界大佬曾说过，员工的离职原因林林总总，只有两点最真实：

1.钱，没给到位；
2.心，委屈了。

这些归根到底就一条：干得不爽。

员工临走还费尽心思找靠谱的理由，就是为给你留面子，不想说穿你的管理有多烂，他对你已失望透顶。

加多宝既非上市企业，也非家族企业。类似加多宝这种封闭型公司，最难做到的是老板与部下分享金钱与事权。这也是一般的人性：共患难易，同富贵难。

俗话说，不聋不瞎，当不了家。像陈鸿道这种白手起家的创业者，往往眼睛里揉不得沙子，对成本控制有着强烈的执念。比如租用王老吉商标，他没理由愿意支付超出商业核算的金钱。

私营企业，一般是老板一个人说了算，这当然会提高决策效率，但也可能犯下致命错误。在续租王老吉商标一事上，显然是陈先生一个人的决策。

现在，老板不能亲临现场，公司治理必须更为开放，很多事情必须授权让人去做，比如延聘一些精干的经理人代为打理业务。

李益民事件，必定会在陈鸿道的内心产生强烈的冲击。财聚人散，财散人聚。对待钱财，不能再像企业初创时期那样，尤其是对那些曾经一起披荆斩棘的将士，必须给予更多的激励！甚至属下做一些赚取外快的小动作，也睁只眼闭只眼算了。

曾有一家企业跟风做凉茶，委派猎头去挖加多宝的某位高管，开出巨额年薪，自以为能收买这位高管，没想到被当场拒绝了。后来他们了解到，这位加多宝的高管，同时还是加多宝凉茶在某大区的经销商，收入非常之高，物质收买几乎不可能。

陈鸿道去国离乡，在客观上推动加多宝走向了更开放的道路。加多宝集团在2005年之后，开始借鉴了香港上市公司的治理架构。陈鸿道也邀请一些在商界更为强势的董事加盟公司。公司的最高决策层是董事会，底下分别设有销售部、市场部、资源部、生产部、财务部和行政部，此外，公司还设置有一个监察部，直接对接董事会，监督公司日常运营。这就突破了一般私营公司的局限，某种程度上也算是因祸得福吧。正应了《易经》里的那句话：群龙无首，吉。

改革才是最大的红利

冥冥中，似乎有一种神秘的力量，有人称之为偶然，也有人称之为运气。

加多宝和王老吉，这对凉茶行业的双子星，不仅向我们揭示了商战的残酷，也折射出了命运的吊诡。

王老吉商标之争，在客观上是一个双赢的结局。2012年后，两家公司的凉茶销量均有大幅增长，凉茶这个品类的蛋糕也有越做越大之势。

广药集团，作为王老吉商标的所有者，让尘封的百年老字号重新焕发生机。广药的上市，使得每一个股民，都可以参与王老吉的投资。这向我们昭示了一个事实：改革才是最大的红利。

体制内卧虎藏龙，精英云集。国有企业具有很多天然的优势，如果不断深化改革，设计出更合理的激励制度，国企也一样可以爆发惊人的潜能。

加多宝旗下，更多的是草根英雄，但他们善借外脑，勇猛精进，最终弥补了先天不足；更让人感到不可思议的，是其一次次在危机中逆袭，在涅槃中飞天。

陈鸿道，作为一个商业奇才，本应该与宗庆后、史玉柱一样，走红地毯、享受镁光灯下的荣耀，却因为一念之差，终于酿成大错，去国离乡。

与可口可乐一样，王老吉这个百年老字号，历经沧桑，如今已物是人非。如今的王老吉已归属大大小小十万名股东所有，大陆一支的王家后人已经与之毫无瓜葛了。

2004 年，陈鸿道名下的"鸿道发展（中国）有限公司"更名为"王老吉有限公司"。这表明，王泽邦在香港的后人，再次失去了王老吉商标的控制权。

最近，王家在香港的后人，因涉嫌经济犯罪，被香港检方起诉，更是令人扼腕叹息。

王老吉的配方本来自世外高人，经历王家五世传承，逐渐失去控制权。真应了那句话：君子之泽，五世而斩。

在加多宝集团和广药集团的凉茶大战中，双方各有得失，皆有可圈可点之处。尤其是作为民间资本的加多宝，更有标本意义。

红色罗生门：视觉锤之争

加多宝和王老吉，凉茶行业的双子星。二者就红色包装的外观专利权曾有过一番激烈争夺。

加多宝方指出，早在 20 世纪 90 年代初，陈鸿道先生就已将红罐王老吉的包装外观申请了专利。所以，红罐包装应该属于加多宝公司的。

广药方则指出，广药早在 1992 年就生产过罐装凉茶，而且在与加多宝的合同中明确指出，授权加多宝生产红罐王老吉凉茶。广药集团如果没有红罐包装，合同上何来红罐之说啊。所以，红罐包装应该属于广药集团。

双方各执一词，一时难辨真伪。

外观比口号更重要

在广药向加多宝发出的所有"大招"中，最狠的不是天价索赔，不是诉中禁令，不是禁用"怕上火"广告语，甚至不是收回王老吉商标，而是禁止加多宝用红色包装。这是因为吉庆定位与红色包装是不可分割的。

人类对图像的记忆力，远比语言和文字深刻得多。

比如，在车站，你遇到了一个久违的熟人。你可能记不起他的名字了，但他的面孔你一定记得。如果这个人其实只是那位熟人的孪生兄弟呢？

心理学家莱昂内尔·斯坦丁做过一项调查研究。他请被试对象在五天之内看了一万张图片。每张图片展示5秒钟。之后，在向被试对象展示成组的图片时（一张是他们见过的，一张是此前没有见过的），他们能记起之前看到过的70%的图片。试问，将一万张图片换成一万句广告口号，结果会怎么样？

去一家小餐馆，点一罐加多宝，这时服务员递过来一罐王老吉；或者去一家便利店，要一罐王老吉，这时老板递过一罐加多宝来。无论买家还是卖家，都会觉得毫无违和感吧。

在公众的脑海里，这是两个几乎完全相等的商品；无论口感、颜色、包装、定价，简直就是同卵孪生的兄弟。

红罐外观的"视觉锤"效应

"视觉锤"理论是由艾·里斯的女儿劳拉·里斯创立的，是对"定位"理论的补充。

劳拉·里斯认为，产品外观设计的视觉呈现，比文字让人印象深刻。

比如耐克，顾客可能记不起"Just do it"这个口号，但一定会记起耐克简洁有力的钩子Logo。再如麦当劳的金色拱门m，星巴克的美人鱼，苹果公司带缺口的苹果Logo……外观设计不仅仅指代企业的Logo，更包括企业的整体外观，包括产品包装等，比如苹果公司与Logo融为一体的外观设计，甚至其与众不同的白色耳机也是产品外观设计的一部分……当然，文字也很重要。如果把文字比作钉入顾客心智里的那枚钉子，外观设计则是钉入钉子的那把锤子。

"视觉锤"相对于企业的文字宣传，更具有冲击力，也更有利于加深大众对品牌的记忆。

在很多人的观念里，红罐王老吉的外观设计很"土"，甚至给人一种粗糙的印象。但是，如果按照人的认知规律来分析，红罐王老吉的外观设计是非常科学的。

在多数凉茶饮料都选择绿色外观，强调"草本"特色的时代，罐装王老吉选择了大红底色，这种底色非常抢眼。王老吉三个黄色正楷字体，占满了罐体，顾客在较远的距离也能将之与其他红罐饮料区分。其颜色选择，符合视觉锤理论中的"对立"原则。这种外观包装，与众不同，比较容易脱颖而出。

夺面与换脸

吊诡的是，现在两家企业的凉茶罐越长越像，在短时期内能带来一种客观的双赢效果。

这两家的罐装凉茶，不仅底色、字体，还有材质都近乎孪生。王老吉和加多宝的红罐凉茶最初都是马口铁罐装，现在，两家企业都不约而同地改为铝制易拉罐装。

现在，两家各有优势和劣势，外包装的孪生面孔，可以帮助加多宝继续借光王老吉的品牌光环，而王老吉也可分享一些加多宝的营销光环。

外观专利的争夺，到目前为止，双方打了个平手。

行文至此，我们可以总结一下了：比口号更重要的，是包装的"视觉锤"。口号只是一组抽象的文字，包装才是具有视觉冲击力的、具象的东西。比如，提起红牛，大多数人会想起那个短粗的金罐（或细高的蓝罐），至于红牛用重金砸下的广告口号，很少有人能记起。

当然，这并不是说口号本身无价值，事实上，口号是定位所用的"钉子"，而夺目的外观，则是将钉子搋入顾客心智的"锤子"。

综上，加多宝迅速逆袭成功有以下几个表层原因：

1.强调"凉茶领导者"名分，不惜一切抢夺这一心智资源。

2."怕上火，就喝王老吉"算不上是一个准确定位。

3.虽然失去了商标，但红罐"视觉锤"仍在，吉庆内涵仍在。

4.搭乘了"娱乐营销""体育营销"的高速火箭。

5."还是原来的味道"，这一点也很关键，我们放在第4章解读。

6.公关口水仗，是让大众看热闹，从而达到"加多宝就是原来的王老吉"这一传播效果。

7.渠道控制，这个是皮，前六项都是毛。皮之不存，毛将焉附？关于终端和渠道，我们在后面用几章来探讨。

第 2 章
极速裂变——时机比精确更重要

每当危险发生时，我都会不断努力，把它转变成绝佳的契机。

——约翰·洛克菲勒

企业唯一真正的资源是人，管理就是充分开发人力资源，以做好工作。

——汤姆·彼得斯

陈鸿道在创业之初，万事艰难。虽然是香港鸿道集团的大老板，但明眼人都知道，他领导的只是一支散兵游勇式的游击队。

据说，当时陈鸿道去广药集团开会，都要坐在最后排的角落。在当时的广药高层眼里，老陈就是个暴发户。他要打造中国的可口可乐？吹牛皮不报税！

陈鸿道也在自我怀疑中慢慢把凉茶这个冷门生意搞大了。所以说，做人还是应该有梦想的，如果一不小心实现了呢？预备、射击、瞄准，这就是陈鸿道的做事风格。

顺势而为，奇葩凉茶的诞生

陈鸿道的凉茶有三怪：红皮、高价、铁罐卖。

如果真的将自己的凉茶产品定位为一种去火的草本植物饮料，陈鸿道应该首选绿色作为底色包装。在口感上也不应太甜。但陈鸿道的凉茶不但采用了大红的底色，连口感也极甜。加多宝凉茶的产品设计思路最初是以可口可乐为样板的，一开始就带有娱乐营销的倾向。还记得加多宝早期的广告吗——"不要害怕什么，尽情享受生活，怕上火，喝王老吉！"

红色装潢还可以理解为一种"顺势而为"，顺着王老吉的"吉"字做文章。比如红罐王老吉一开始在温州就主打宴会市场，甚至一度成为当地婚宴的标配饮料。后来广药收回王老吉商标后，又进一步将王老吉的"吉"文化发扬光大，推出了礼品装的凉茶产品，在其包装上印了一个超大的"吉"字。

加多宝的凉茶价格非常贵，最初加多宝定价为一罐零售价 3 元，比罐装可口可乐这样一个主流产品基准价格高了 75% 左右。20 世纪 90 年代零售价已经高达 3.5 元，当时东莞普通工人一个小时的工资也就这个价。我家楼下便利店的加多宝卖到 5.5 元一罐，同一间便利店卖的娃哈哈桂圆莲子八宝粥才卖 3.5 元。

早期的加多宝凉茶确实是铁罐卖的，这也是最令人费解的，因为铁罐容易生锈，且铁制容器不宜放汤药。

让我们探究一下其中的原因吧。

加多宝的一份员工手册的扉页有这样的文字："加多宝是一家港资企业，1999 年以独资形式在中国广东省东莞市长安镇投资设立第一家工厂。"

也就是说，在 1999 年之前，是加多宝的草创时期，没实力自建工厂。产品来自代工或者与他人合作的工厂。

陈鸿道更早的时候曾经自创鸿道牌八宝粥，但这个创业项目最终以失败告终。

众所周知，八宝粥罐子都是马口铁做的。马口铁又叫镀锡铁，是电镀锡薄钢板的俗称，英文缩写为 SPTE。中国过去用这种镀锡薄板制造煤油灯的灯头，形如马口，所以叫"马口铁"。

一般代工厂商的加工费用可以有账期，但包装的马口铁必须自己采购。鸿道八宝粥在市场上遇冷停产之后，会不会有一批马口铁砸在手里？

红罐王老吉凉茶一开始并没采用成本更低、更时尚的铝制易拉罐，而是采用奇怪的马口铁三片罐，这是一种已经被市场淘汰的包装形式。这种罐子不但手感很硬，而且易生锈。并且，凉茶作为一种汉方药饮，装在铁罐里，会给人一种怪怪的感觉。熬过中药的人都知道，为了避免汤药与铁发生化学反应，只能用砂锅而不是铁锅熬药。就算罐内可以有涂层，作为一种即饮即抛的饮料，也应该选用成本更低的铝制易拉罐。

后来的模仿者，因为陈鸿道奇葩凉茶的成功，连马口铁三片罐这种复古包装也重新拾起来了，他们认为这种罐子会更受欢迎。

这很可能只是陈鸿道为消化积压的马口铁，被迫采用的包装。如果这种猜测属实，这也可看作一种顺势而为。目前，加多宝凉茶是铁罐、铝罐并存，逐步用铝罐渐渐取代铁罐，铝罐不仅环保，成本也比铁罐更低。

其实，高定价也是顺势而为的产物。

精益创业，陈鸿道多头下注

1995 年，陈鸿道和广药签了王老吉商标的使用合同。当时他只要稍微争取一点，就能以极低代价获得瓶装授权。但耐人寻味的是，陈鸿道只要了罐装凉茶这项。而商标的租赁费用，第一年只要区区 60 万元。

陈鸿道的创业思维，用现在流行的话来说，就是典型的精益创业。

就算没有积压装八宝粥的马口铁，陈鸿道仍然会选择用马口铁罐子装凉茶。尽管铝罐更便宜、更物美价廉、更环保，但在通常情况下，只有产量较大的企业才有机会选择用铝罐。每年产量在几千万、上亿罐以上才有可能上铝罐生产线。像陈鸿道这种实验性产品，也只能选择在先进国家已经被淘汰的包装工艺。

作为一款实验性产品，陈鸿道的凉茶初期产量不会太高，他对代工厂商没有任何议价权。

由于马口铁罐子成本更高，加之是代工生产，所以当年的红罐王老吉的成本居高不下。这让红罐王老吉一开始就被迫采取了高定价策略。

一般快消品，降价容易涨价难。近些年通货膨胀很厉害，很多厂家都不敢轻易涨价。从长远来看，加多宝的高定价策略为自己留下了非常大的利润空间。

等加多宝小有成就，建了自己的工厂，采用了更物美价廉的包装后，高定价和低成本之间就会产生一个更大的利润空间。

这样才能给每个中间商带来巨大的财富，包括经销商、邮差商、批发商和那些终端的销售员、理货员……

加多宝的经销商完成销售任务后，按照销量返点，总体上能够保证每箱5元左右的利润，而"邮差"一般可获得每箱4元的利润，最终零售终端商的利润大概在每罐1元钱。可以说，每罐参与者都能获得可观的利润。成功会使他们心存感激，于是又增强了他们捍卫加多宝的决心。

陈鸿道能够切入凉茶生意，既有内在商业敏感性的因素，也有外部推动的偶然因素。

此时，陈鸿道并没有将所有的精力倾注在凉茶上，他同时也在用加多宝这块牌子搞加多宝牌绿茶、红茶、乌龙茶。

农民出身的陈鸿道，像他的父辈一样，洒下一把种子，看最后的长势，然后才去"间苗"——拔去病弱的，留下苗壮的。随着凉茶生意越做越好，陈鸿道逐渐关停了其他产品线。

1 个亿的盘子，200 亿的班子

2002 年，加多宝和广药加起来的凉茶份额为 1 亿元左右。而百事可乐在中国已经有 200 亿左右的市场份额。

经人介绍，陈鸿道以每年 50 万元的薪水从百事可乐公司请来一位销售主管，让他来掌舵加多宝的销售工作。

正是由于"盘子"太大了，百事可乐将每个渠道都分开管理。于是乎，百事可乐的销售总监只能独当一面，懂现代渠道的，却不懂餐饮渠道，懂餐饮渠道的不懂批发渠道……

可是，这位销售总监走马上任后，才告诉陈鸿道："陈生，我只懂现代渠道，不熟悉其他渠道。那谁擅长餐饮，那谁比较懂批发，还有那谁是特通高手，另外那谁是小店高手，另外，那谁对市场策划特擅长，要不你把他们都请过来吧？"

如果你是陈鸿道，你会怎么想？

一般人在这个时候，第一反应是自己被愚弄了，非给对方点颜色看看，警告他自己不是个傻子。这也是一般人的正常反应。

奇怪的是，陈鸿道并没有展露出不悦，而是采纳了这位"二把刀"销售总监的建议，总共请来 5 个年薪 50 万元的销售总监，另加一个年薪 50 万元的市场策划。

这件事情很快被作为一则笑话在业内传开了，人人都说陈鸿道是个冤大头。就有凉茶一个单品，而且只有罐装，却把渠道分得那么细。为了一个年销售额不到 1 亿元的盘子，却请了 6 个年薪 50 万元的家伙，搭建了个年销售额 200 亿元的班子。这简直是高射炮打蚊子——愚不可及！

杀鸡偏用屠龙刀

陈鸿道最擅长的是什么？仍然是把坏运气转化为好运气。

如果把人力视为成本，那么陈鸿道确实是个冤大头。如果把人力视为资源，那么陈鸿道赚大发了。

为什么说陈鸿道最神秘的是驭人术呢？就体现在这一点。一般人害怕驾驭不了下属，所以视为成本。但鸿道之志和其他小厂商真的不一样。

其实，别说年薪50万元，你要年薪1000万元我也可以给你，只要你能每年给我创造至少2000万元的利润。你来到我的公司，我难道还没办法让你卖力奉献？换成冠冕堂皇的话就是："企业唯一真正的资源是人，管理就是充分开发人力资源，以做好工作。"

很多人只会把这句话拿来唱高调，却永远不懂得如何实施。陈鸿道这个人不但有比较大的格局观，还非常具有亲和力。据说，陈鸿道从来不会主动辞退高管，即便有些高管能力不济，最多也就是被调换到不重要的部门。有些加多宝的高管会怀念和"陈生"在一起的日子，陈鸿道要求管理团队每天早上一定要吃早餐，周末没事可以去远足。

经营一家凉茶铺并不难，难的是开100家口感一致的连锁凉茶铺。两者对管理水平的要求，有着天壤之别。比复制一百家凉茶铺更难的，是运营一个占领全国销售终端的凉茶品牌。

仅仅一年之后，这种架构就展露出了它的优势，随着2003年非典的到来，陈鸿道的人才储备很快就派上了用场。在2003年，加多宝的销售额接近了6亿元。当年那些笑陈鸿道傻的同行开始看傻了。

加多宝的销售额逐年翻番。加多宝最大的包装供应商中粮包装控股的董事长王金昌回忆说："2005年在西湖边上陈鸿道问我，能不能每年向加多宝提供5亿只铝罐，为了满足陈鸿道的要求，我们只能马上向海外订购生产线，甚至先购买二手设备加大产能。"多年来，加多宝的市场份额可以用"裂变"来形容，销售额直逼200亿元！

这个成绩的取得，既有偶然的因素，也有一定的必然性。既有外部的推动，也有陈鸿道自身的悟性。

加多宝十多年前运作市场的打法，就是按照做200亿元生意的盘子来设计的。所以，加多宝的销售体系一开始就带有百事可乐的DNA，也兼收了一些其他饮料厂商（比如娃哈哈、康师傅、可口可乐）的优点。

终端没货，一切理论都是白扯

请想一下，在某家餐厅，客人向服务员要一罐凉茶，这时服务员递给他的可能是王老吉，也可能是加多宝，甚至可能是和其正。

凉茶，作为一种高度同质化的产品，一般客人有什么就要什么。就算有一定的品牌忠诚度，在终端无货的情况下，也只能购买可替代商品了。

可口可乐公司有一条营销格言：要让可口可乐成为一种"唾手可得的饮料"，只要有人的地方就应有可口可乐。

有一次，巴菲特带着他的孙子去奥马哈一家餐馆吃比萨，发现这家餐馆只有百事可乐而没有可口可乐。

作为可口可乐的股东，巴菲特很生气，他向位于亚特兰大的可口可乐总部打电话抱怨这件事。于是，争夺终端控制权的"第三次世界大战"爆发。不久，巴菲特发现那家餐馆终于开始出售可口可乐了。

控制终端，成为让消费者唾手可得的饮料，这才是真谛，这也是加多宝能够成功的最朴素真理。

本书所指的渠道，是指经销商、分销商、代理商、批发商等流通环节。而终端，是指便利店、超市、餐厅、酒店、加油站、网吧等直接面向消费者的零售点。

端是通路（又叫渠道，下同）的一部分。在加多宝的策略中，终端比渠道更重要。

加多宝今天的强势地位，最根本的还是依靠终端的布控。

据了解，加多宝已经覆盖了国内 80% 的饮料渠道和终端，并且和众多核心的经销商签订了排他性的合作协议，占据了凉茶饮料市场的绝对渠道优势。

一将功成万骨枯，加多宝的优势，来自那些不起眼的小兵——那些"费尽口舌，腿跑细"的驻地销售员——一家一家谈成的合作协议。

定位技术哪家强

一位资深业内人士在其微博中写道："公众看到的是加多宝的营销能力，我羡慕的却是加多宝的执行力。"

中国企业界有种怪现状——越是文质彬彬的科技型企业，企业老板越是呼吁"狼性"。越是起于草莽、没什么技术含量的民营企业，越喜欢用高大上的理论包装自己。正应了那句话：缺啥吆喝啥。

说起加多宝和王老吉的凉茶大战，营销分析师们最爱谈的是"抢占心智"。仿佛商业竞争就像品着佳茗下象棋一样。

事实上，加多宝并不是靠"抢占心智"起家，而是靠抢占销售终端起家。对于加多宝来说，占领心智只是一个"果"，而不是"因"。

加多宝的成功，不是源自书斋里的纸上谈兵，而是胼手胝足闯出来的，是充满了汗水、口水、血泪的野蛮生长。优雅、理性不过是事后的加料回忆与粉饰包装。

对于加多宝这种起于草莽的企业来说，乐见一种西洋商业理论来包装自己。这样反而会转移对手的视线。

广药延伸王老吉品牌，做了一些其他产品，"定位原教旨主义者"纷纷指责，认为这样会"稀释"王老吉这个品牌，或者引起这个品牌的"空心化"。这些教条主义者却无视康师傅品牌延伸却做得很成功的事实。

为堵住悠悠众口，广药干脆把"定位"的开山老祖艾·里斯先生给聘请了过来做顾问。当年撰写《定位》的有两位作者，里斯先生为第一作者，特劳特为第二作者。

广药请的是里斯做顾问，加多宝请的是特劳特的中国代理人做顾问。如何仅靠定位理论就能成功，那么请问——

定位技术哪家强？

企业领导人能够到处宣讲的"成功秘诀"，其实都是用来增加公司美誉度、知名度的广告，是一种博眼球的公关"软文"。真正的成功秘诀岂能轻易示人？

一切否定销售的营销都是耍流氓

"营销的目标，就是使销售成为多余。"

这句话据说是彼得·德鲁克说的。然而，这是一个不可能完成的任务。这句话带有一种精英式的自负，非常能迎合那些试图偷懒的人。如果你认真读过德鲁克的作品集，你会发现德鲁克从来也没有表达过这样的意思。

营销确实对销售起到了促进作用，但它永远不可取代销售。销售也永远不会过时，过时的只是技巧。苹果公司的营销可以说已经做到出神入化了，但仍坚持在终端发力。乔布斯之所以坚持要建苹果体验店，他是将终端销售和形象展示、售后服务合而为一了。

基本上，一切否定销售的营销都是耍流氓。

商业的成功，需要同时具备三大要素：力、术、势。

力，就是推销、服务、试错之类的努力；术，就是营销、策划、定位之类的智巧；势，就是政策、机缘、运气等外在的偶然性。

出于各种动机，人们会夸大努力和智巧的作用。可以淡化运气的作用，这会阻碍我们对真相的认识。

陈鸿道不但善于借用外部的力和术，他还有一种过人之处，就是通过力和术，顺势而为，将坏运气转化为好运气。

成本高企，锁定餐厅终端

陈鸿道具有资本家的乐观和冒险精神，带着一种不算完美的产品，开始了凉茶的北伐之旅。

有一个广为流传的故事。一开始，陈鸿道想让一位东莞的批发商朋友代理自己产的红罐凉茶。对方看了看样品，觉得产品定价高，又土里土气的，就婉拒了。等到红罐王老吉红遍大江南北的时候，那位东莞的批发商想去代理加多宝的产品，早已失去了资格。至今，这位批发商都懊悔不已。

虽然加多宝一开始就布局全国市场，但是真有兴趣代理红罐凉茶的经销商寥寥无几。

陈鸿道并不气馁，他想出了一种逆向打法：先搞定终端，再带动渠道。经销商的白眼和产品的高成本，让陈鸿道的目光转向了餐厅终端的食客。陈鸿道要把这些食客作为红罐王老吉的"源点人群"。

之所以选择餐厅吃客作为源点人群，因为经常外出吃饭的人也是相对的"高消费人群"，可以承受红罐王老吉凉茶较高的定价。那个时候，中国的经济刚刚腾飞，下馆子确实会被认为是一种高消费。高消费人群也是"意见领袖"，他们会为认可的产品起到示范效应。

加多宝一开始的成本高企，不得不为产品定一罐适度高的价格。一罐310毫升的王老吉凉茶，零售价4元左右，远高于罐装可口可乐这一主流产品的基准价格。所以，加多宝必须找到不嫌它贵的目标消费群体。

在餐厅，可以做促销，给店主陈列费，提供品尝品，提供冰柜，也搞公关营销……在夜场，请导购、提供品尝品和联合促销；或与啤酒搞联合促销，买1打啤酒赠送2罐凉茶……

陈鸿道选择餐饮终端也有优先次序，首选是川菜馆、湘菜馆、火锅店和烧烤店。因为吃这些食品易上火，容易说服顾客购买。

只要餐饮终端做得动，小店就能卖，小店能卖，超市也能卖，超市能卖，经销商自然会乐于代理，那么整个渠道就自动带动起来了。而且，一种立体动销的局面就会自然呈现。因为常去餐厅的"吃货"们对饮食最有发言权，他们是名副其实的"意见领袖"。饕餮客们在餐饮店觉得好喝，平时也会去买来喝，还会买回家喝，推荐给朋友喝。

为了打开市场，陈鸿道开始自己建立终端销售队伍，从一次次街头促销做起，从一间间餐厅做起。

陈鸿道的想法得到了应验，随着终端需求的兴起，红罐王老吉引起了渠道的兴趣，一张立体销售网慢慢形成了。这种以终端带动渠道，以终端为导向的奇异打法，是加多宝最具特色的管理方式。

最终，加多宝建立了一支近万人的销售铁军。从高端餐厅酒店，到普通商铺超市，加多宝的市场份额占了80%，覆盖全国32个省市。

人海战术，占尽人口红利

加多宝的成功，占尽天时地利人和，已经很难复制。

近年来，企业用人成本不断高企。人工荒、新《劳动法》的实施让广大创业者高喊用不起人。

这个时候，人们才深切地感受到了当年的"人口红利"。陈鸿道创业的时候，正是中国人工成本最低的时候。

那时候，深圳、东莞的工厂招一个普工，门外会有一百多人排队应聘。很多到南方打工的年轻人，为了谋得一份流水线工人职位，不得不行贿工厂的工头。现在的情况完全颠倒过来了，谁能帮工厂招到工人，厂方会给你按人数提供一笔奖励。

2000年前后，很多人能切身地感受到人口压力和就业压力，大量农村剩余劳动力和城镇失业人口严重困扰着经济的增长。加多宝雇用到了那批最廉价的劳动力，是成就加多宝核心竞争力的一个关键。

很多中国企业都经历过人口红利的时代，甚至一些所谓的高科技企业。

加多宝集团员工的行政级别共划分为七级，其中驻地业务代表和理货员为最低等级。但仅仅是最低等级的业务代表，平均月薪也要四五千元，上万人，一年至少五六个亿。一般企业已经很难拷贝加多宝模式了。

单兵突进，布控餐饮终端

消费者行为学专家帕克·昂德哈昂认为："食品行业（含饮料）是冲动消费发生率最高的行业，冲动消费在这里占到 60%—70%。"

所以，在餐饮终端，只要驻地业务员训练有素，就能通过终端展示等手段诱导顾客发生冲动性消费。现在，几乎所有的饮料企业都已经意识到了这点，餐厅、便利店、加油站，通常也是商家争夺消费者最激烈的地方，加多宝早就瞄到了这些地方，且已经盘踞终端多年，树大根深。

在所有的终端里面，陈鸿道最在意的是餐饮终端。陈鸿道认为餐饮顾客是"源点人群"，用现在的话来说，就是消费者的"意见领袖"。

在陈鸿道发家的餐饮终端，紧紧围绕"预防上火"的定位，选择了湘菜、川菜馆和火锅店作为"加多宝诚意合作店"，投入资金与他们共同进行促销活动，主要方式是提供品尝品。在一个省会城市，加多宝每月的品尝品有 500 箱以上。推广方式是招聘促销小姐，每人每天 40 元，每个点提供 12—24 支品尝品，每支产品要求冰镇 1 小时以上，倒 6 小杯给 6 个客人喝，最后凭空罐和拉环核销，等等。

加多宝以非常低的用人成本，布控终端、精耕渠道。加多宝虽然采用的是人海战术，却是有主次的打法，重点单兵突进餐饮终端。

在餐饮终端里，首先要拿下的是宴会终端，比如婚宴、满月宴、谢师宴……

比起超市终端的进场费，餐饮终端的进场费几乎可以忽略不计。加多宝采取的策略是免费试饮。

在加多宝的"革命根据地"福州和温州。一开始，为打消消费者的顾虑，加多宝在两地推出了"免费试饮"活动，这种试饮并不是超市里常见的那种小纸杯饮料的试饮，而是每桌赠饮 5 罐，甚至 10 罐，客人如果觉得饮品可以，再掏钱买。这种慷慨的"先尝后买"的朴拙方法收到了奇效，体验过凉茶的顾客一般都会再买一些。

比如，在一些承办婚宴的餐厅，加多宝推出这样的活动：只要凭结婚证，就可以每桌免费赠送 10 罐。红罐王老吉这个商标名字十分喜庆，加之大红的包装，在婚宴上十分讨喜，很多参加婚礼的人都记住了这个品牌。

在 2006 年加多宝集中资源进攻北京市场时，仍然采取餐饮终端为源点单兵突进的策略。开展了大量的免费试喝活动。2014 年，加多宝在北京推广盒装凉茶时，仍然采取了餐饮终端免费试喝的策略。

餐饮终端的源点人群，固然发挥了他们的作用，王老吉凉茶开始流向家庭消费。并且，家庭消费甚至比餐厅消费还要量大，加多宝顺势推出了"健康家庭、永远相伴"的广告。

墙内开花墙外香，当时红罐王老吉在温州市场的销量甚至远超广州市场。由于广告定位、推广方式的作用，温州人更多是把这种红罐凉茶当作一种带有喜庆意味的软饮。家庭消费带动了超市、便利店等终端的生意。于是，加多宝有了更多管控渠道的筹码。

高屋建瓴，以点带面

2003 年"非典"之后，加多宝开始正式启动全国市场，不同于其他企业一下就进攻好多个市场，加多宝采取"以点带面，顺势而为"的策略，事前评估每一个市场，哪些是可以先开发的，哪些是需要培育的，最后决定以拿下一个再做一个的方式逐步推进。

　　加多宝将全国市场划分成：核心、高潜力、发展、开拓和策略五个类型，有策略地各个击破。潮流和风尚的普及，总是由中心城市延伸到边远城市，由富庶地区流布到贫困地区。

　　加多宝的扩张路线图一路向北，每进入一个区域市场，都采用以点带面的策略：先拿下"中心城市"，再扩张周边城市。

　　加多宝的北伐路线图是由南往北，迂回扩张。先由广东进入福建（重点占领福州市场），然后是浙江（重点精耕温州市场）。福州、温州这两个城市是加多宝在多次"北伐"过程中幸存下来的根据地，也是具有典型性的市场。打法确定好了以后，接下来要做的就是配合以强大的宣传力度。

　　在温州，加多宝设计的广告口号是：天地正气王老吉！

　　加多宝不仅在温州的市电视台投放了广告，在各县级的电视台也投放了广告。

　　由于餐饮终端做得好，这个今天看来有点怪咖的广告居然大受好评。直到今天，很多温州人还记得这个广告。

　　然后，加多宝开始进入江苏的南京、湖南的长沙、江西的南昌、湖北的武汉，最后包抄进入上海市场。

　　2002 年前后，加多宝开始瞄准北京市场。2006 年后，加多宝集中所有优势资源，以期占领北京市场这个制高点。为此，加多宝将总部办事处设到了北京。

　　据业内人士估计，为了打开北京市场，加多宝于 2006 至 2007 年期间在北京投入的营销费用超过了 5 亿元。拿下北京市场后，只需顺势而为即可自然地带动华北和东北市场。河南、河北市场几乎可以毫不费力地拿下。东三省则长期放而不打，任市场自然渗透扩张。

在各个省份，同样是按照消费次序往前推进，步步为营，攻城略地。

加多宝利用中国庞大而廉价的人力资源，将那些彷徨的失业者，整编成一支销售大军，不仅成功控制了销售终端，而且解决了庞大的就业问题。

加多宝真正"骇人"的地方

加多宝已是本土饮料渠道覆盖率最高的产品之一，按照五级分销体系，分为特大省会、沿海发达城市、地级市、县镇、乡村五级市场。县镇以上市场的终端覆盖率高达 90% 以上，形成销售公司下辖销售大区、数百个办事处、上万名业务人员的格局。

加多宝公司在全国有上万人的销售队伍，按理说应该是很难管理的，但加多宝真正骇人之处在于，可以做到让所有终端一夜之间用统一的标语、统一的海报、统一的口径做出统一的事情。

在广药和加多宝闹分手期间就上演了这一幕。不但各个终端刷上了统一的海报，拉起了统一的条幅，而且业务员能用统一的语言让消费者明白怎么回事，接受一个陌生品牌的凉茶。

这才是加多宝真正骇人的地方！

终端，不但是实现成交的最后一个环节，也是厂商竞争的最后一个重要堡垒。如果你的产品一进入终端就被竞争对手买光雪藏，消费者将会淡忘你的产品。所以，终端是加多宝真正的命门所在。为了守住终端，凉茶大战中的各方甚至不惜肉搏。

现在，广药王老吉也在复制加多宝的成功之路，加强自己的直销队伍建设，增强对终端的控制。除了发力商场、超市和餐饮店之外，广药还利用自身优势，拓展到中石油、中石化的加油便利店等特殊渠道。

2012年8月，广药与中石化广东分公司签署协议，将红罐王老吉铺向中石化广东分公司的易捷便利店。资料显示，当时中石化易捷便利店全国已有27000家，这些终端市场的份额不可小觑。

对于加多宝来说，可以失去一切，但绝不能失去终端。

在终端数量上，加多宝寸土必争，不放过每一个区域每一个终端，在每一个区域市场上都要力求做深做透。在终端市场上与竞争品抢客户，在货架陈列上要盖过竞争品，甚至不惜与竞争品吵架乃至打架。

时机比智巧更重要

春秋时期的鲁国大夫季文子喜欢"三思而后行"，孔子就批评他，说思考两次也就够了，关键要Just do it！（作者注：意思是要去行动）。在"插根扁担都开花"的时机，你只要去做就是了，太多的策划纯属多余。

围棋有句俗语，叫"长考出臭棋"。意思是说下棋的时候，有的时候长久地思考，可能往往下出的棋并不见得高明。

围棋界还有句俗语，叫作"谋势不谋子"，也就是说在机会来临的时候，宁可犯错，也不可不做。如果你想每一步都走对，每一次决策都完美，就注定做不成任何事情。

陈鸿道的行为，好似"预备→射击→瞄准"，虽在匆忙中射击，但却占尽距离抢得先机。无心插柳柳成荫，只因插的时节对。当商业竞争由蓝海演变成红海，定位作为一种市场细分的工具还是很有用的。

李嘉诚经商有个六字口诀：取势、明道、优术。

取势是第一位的，不懂大势，做多错多。顺应大势，臭棋也能发挥出绝妙的效果。只要大势选对了，只要不犯关键性错误，一城一地的得失无关大局。

要说最失败的成功者，港商陈鸿道算是一个，港商李嘉诚之子李泽楷算是另一个。

陈鸿道的失败，在于把王老吉打造成了一个难以逾越的品牌，李泽楷的失败则在于看不清大势。加多宝的成功已不可复制，但类似加多宝的创业成功故事，在中国这片神奇土壤里却经常发生。

马化腾父子创立腾讯后，资金也是捉襟见肘。一度撑不下去了，想50万元人民币卖给搜狐的张朝阳，但张朝阳拒绝了。

1999年，李泽楷投入220万美元资金给马化腾，持有了腾讯两成股权，这也是腾讯当年创业维艰时获得的最重要的一笔风险投资。但时隔不到两年，李泽楷就将此两成股权以1260万美元卖给了南非的MIH控股集团。

虽然李泽楷得到了超过五倍的报酬，但如果到今天李泽楷手上仍持有腾讯两成股权。如今，腾讯市值早就超过了一万亿港元，也就是说两成股份至少是2000亿港元。李嘉诚家族通过三代人积累，资产加起来才差不多是这个数字。假设李嘉诚家族对中国大陆市场信心多一些，是不是可以赚得更多？

广告形象一致化

人有一种本能，就是自动抵制外界的冗余信息。

广告，就是要穿透这种信息保护壳，直达消费者的脑海。

一则有效广告只应传达一个信息！

对于一则广告来说，你想传达的信息越多，收到的效果反而越差。这就类似于物理学上的"压强原理"，针尖越细，越能刺破阻碍。

广告不能轻易改，一改，从前的形象宣传积累就前功尽弃了。广告的成功也在于专注，锲而不舍，金石可镂。

在相当长一段时间内，加多宝的广告有一个内部审查标准，就是是否和"怕上火"这个口号冲突。

"在过去18年间，加多宝只专注于做凉茶。在功能饮料方面，我们只有一个产品，只有一个品牌，就是正宗红罐凉茶，而且我们只向消费者传递一个信息——正宗的防上火功能饮料。"加多宝的一位高管如是说。

从2003年在央视投放凉茶广告到现在，加多宝在创意上都没有大变化，永远是红罐凉茶"怕上火"的经典口号。加多宝公司甚至要求将每一个广告片都交由与加多宝合作了多年的一位香港导演拍摄，这样做只为一以贯之地体现出其凉茶的品牌形象。

可口可乐也非常在意广告的标准化。在伍德拉夫掌舵可口可乐期间，达西广告公司几乎成了可口可乐公司的一个拓展部门，为防止在管理上出现难以梳理的问题，一份备忘录在达西员工之间传阅，详细列出了多达35条的可口可乐广告戒律，比如有：

· 禁止"Coca - Cola"商标分写成两行。

· 打开冷饮柜时，如果可能的话，呈现开瓶器的右手边也应该是开着的。

· "注册商标"四个字必须标在第一个大写字母"C"的尾部，即使会不易辨认。

· 圆形商标上应该标注："可口！清爽！"

· 油画或彩照广告中如果出现一个女孩子，应该首选肤色较深的女孩，而不是金发碧眼的白人女孩。

· 青春少女或年轻妇人应该是健康的类型，不带世故的神情。早期的可口可乐经销商，喜欢用妖冶裸露的女郎吸引顾客的注意力。这种广告会降低可口可乐的格调。

· 禁止把可口可乐拟人化。

· 不要明示或暗示非常小的小孩应该饮用可口可乐。可口可乐作为一种碳酸饮料，对青少年的身体健康是无益的，这样的广告容易授人以柄，惹来不必要的麻烦。

这些戒律也许过于刻板，可它们在很长一段时间里，它们可以保证企业形象的统一化，加深公众对品牌的印象。

第 3 章

超级配方——超级饮品的迭代更新

你永远不懂的三个问题:可口可乐的配方,女王的财产和好男人究竟在哪里。

——美国谚语

(广药王老吉凉茶)秘方的保密部分,在凉茶中各种配料的配比上。

——倪依东(广药集团副总经理)

据说，曾有一家广告公司为加多宝制作广告片，因为出现了钓鱼的画面，而被陈鸿道要求进行更改，因为他认为"钓鱼是在杀生"。

在陈鸿道香港的办公室里，挂了一个镜框，镜框里放着一张手书的《般若波罗蜜多心经》。这进一步印证了关于他是"佛商"的传闻。

一个人在心底信什么，不信什么，是由其阅历决定的。一个人若是经历了人世的阴差阳错，就很难不相信命运的存在。

神明、凉茶与资本主义

凉茶，原本是一种汉方植物药饮。晋代炼丹术士葛洪所著的《肘后备急方》一书中，就有了凉茶配方的雏形。

到了明朝万历年间，葛洪留下的对抗湿热瘴气的处方，已经被民间郎中改良为更易普及的"凉茶"。

到清朝道光年间，凉茶的发展又上一个新高峰，王老吉凉茶横空出世。

话说王老吉在香港的一支，依然在经营凉茶生意。

王老吉在香港的第四代传人为王豫康。王豫康16岁时，父亲病故。豫康开始继承祖业，但大权仍掌握在母亲手中。由于出生于富商之家，对人世艰险认识不深，豫康喜欢上了一个交际花。母亲为限制豫康与该女子交往，开始在经济上"卡"他。王豫康一怒之下离家出走，连店里的生意也不要了。后来，在母亲的苦劝下，豫康还是娶了良家女子谢丽琼为妻。

1950年，豫康背离了"只做凉茶"的祖训，开始涉足高风险的期货行业。后又遇人不淑，被骗去近百万元的货款。为了偿还债务，豫康不得不变卖祖业。不仅变卖了四间凉茶铺，连个人积蓄都拿来抵债，甚至连商标也不得不拿来出售，才勉强填上窟窿。

此事对豫康打击极大，之后他开始卧薪尝胆，奋发图强。王豫康自此远走海外，在美国经营饼店业，而且生意蒸蒸日上。

那时，港澳开始流行新型饮料，整个港澳的凉茶市场都开始衰退，原来收购王老吉祖铺的各股东已无心经营。这让王豫康夫妇有了机会赎回祖业。1970年代，豫康在贤妻的帮助之下，重新赎回了祖业。

1984年，王豫康离世。王老吉第五代传人开始接手凉茶生意。王豫康共育有七女二子，王健全、王健仪兄妹为第五代主要掌门人。

但是，王老吉第五代传人面临的挑战也很多。首先是市面上自称掌握了王老吉秘方的人非常多。由于商标和祖铺都曾经易主，这种说法也颇有市场。王老吉在东南亚、美国、英国和荷兰已成冒牌货的天下。其次，由于中医式微，消费形态不断发生变化，凉茶不再像以前那般流行，王老吉的第五代传人们为了迎合市场，不得不推出了王老吉"清凉茶"、王老吉"菊花茶"和王老吉"盒仔甘和茶"，甚至"干笋竹蔗汁""川贝枇杷蜜"等。这种被动迎合市场的做法，不仅有违"只做凉茶"的祖训，更是对王老吉品牌的"稀释"。

这个时候，注定有个外姓人来将"王老吉"发扬光大了，这个人就是刚刚移民到香港的陈鸿道。

陈鸿道是个矛盾体。一方面，他礼佛；另一方面，他有着资本家的进取精神。

如果你在经营中经历了一系列阴差阳错、逢凶化吉，甚至乌龙摆尾，就由不得你不信命运的存在了。

100多年前的美国，有一位名叫约翰·彭博顿的瘾君子发明了可口可乐。后来，可口可乐配方几经演进，终于成为了一种风靡世界的超级饮品。

超级饮品的诞生，离不开政治、经济、文化的宏观背景，也离不开超级配方。超级配方并非一蹴而就，而是经过传承、发展、演进而成的。

凉茶与可乐，这两种分别诞生于中美两国的超级饮品，有着相映成趣的身世、共通的产品特质。从可口可乐公司的产品演进，可以推测凉茶行业未来的走向。

像J.P.摩根这样的超级资本家就坦承："百万富翁一般不相信星相学，但亿万富翁都信。"

一个人若是靠自己双手打拼，赚得小康财富，这样的人也会有信仰，但更相信的可能是"天道酬勤"。

一个人如果能获得加多宝、可口可乐这种"黑天鹅"式成功，就不仅仅是勤奋或智巧能够解释的了。

聪明如凉茶大王陈鸿道，勤奋如可乐大帝艾萨·坎德勒，在同一个时代、同一个行业，比他们聪明且又勤奋的人实在太多了。但与这两位相比，只能望洋兴叹，感叹他们是命运的宠儿。

太阳底下，没有新鲜之事。商业历史上的巧合，让人难免产生一种"即视感"。

加多宝凉茶与可口可乐一样，都起源于一张乡间郎中的草药配方。凉茶与可乐一样，都是在原始配方的基础上不断改进出来的。凉茶与可乐一样，都是以糖水为主，草本为辅。如今，可乐已经不是包治百病的灵药，而是一种解渴的软饮料。凉茶其实也不再是"凉茶"，而是"凉茶风味的饮料"。到最后都演变成"秦失其鹿，群雄共逐"的局面，渐变成公众公司。

废墟之城，欲望之城

命运的场景总是换了又换，然后上演相似的戏码。

历代圣贤，都似乎窥得了一些天机。玄学家谓之"国运"，策略家谓之"大势"，经济学家谓之"宏观"。

1888 年，坎德勒收购了彭博顿的可口可乐公司。这是一个非常容易记住的时间，我们姑且将其当作可口可乐真正诞生的时间，此前的一两年可以算作怀胎。

我们不妨简单回顾一下 1888 年前后，美国的国家命运与宏观大势。

1861 年至 1865 年，美国爆发了南北战争，这是美国历史上唯一一次内战。战争最终以联邦（即北方）胜利告终。

类似《读者文摘》杂志，会刊登一些南北战争期间充满人性的温情故事，这种心灵鸡汤似的宣传，会让天真的人形成某种偏见。战争就是战争，战争就是以杀止杀。

战争是极其残酷的。内战中的北方骁将谢尔曼将军，就是一个"干脏活儿"的军人。他的名言是：战争就是地狱。谢尔曼的行为彻底地打破了旧时代战争的界限，他把战争扩大到了全体人民，当时邦联总统戴维斯称其为"美洲大陆的匈奴王阿提拉"。

在谢尔曼看来，对南方普通人民的打击必须和对武装部队的打击一样彻底。

美国东南部有个佐治亚州，位置大致类似我国的广东省。佐治亚州首府是亚特兰大市，历史上的地位大致相当于中国广州。

亚特兰大，曾经是南方最繁荣最美丽的城市，就是在谢尔曼将军的指挥下被摧毁。

谢尔曼在占领亚特兰大后下达了公告，要求所有民兵放下武器，所有市民离开市区。他要纵火烧毁整个城市。

成千上万的老弱妇孺为阻止联邦军火烧亚特兰大，拒绝离开，他们天真地以为只要他们还在城市里，联邦军为了顾及他们的性命，就不敢放火。但士兵们很快就在城市的各条街道纵火。大火迅速蔓延全城，联邦军早已撤出全城，同时严厉警告撤出城外的亚特兰大居民，任何人如果试图救火，一律格杀勿论！

大火足足燃烧了半个月之久，亚特兰大变成了一座人间地狱。整个城市全部化为废墟，只剩下了一条街残存下来。这条街如今成为了亚特兰大的一个历史象征，被叫作"地下街"。

谢尔曼将军说："我就是要让南方人和他们的子孙后代得到刻骨铭心的教训，永远不敢再想闹独立！永远不敢诉诸战争！"

亚特兰大旧城被完全地摧毁，埋于地下。如今的整个亚特兰大都是在原来的废墟之上建立起来的。

战争让亚特兰大人的集体性格发生了很大变化，他们被征服了，变得不太愿再提"独立"，也不愿多提那场战争，变得更"务实"，他们似乎将全部的精力都集中在如何致富上。

一位当时的作家记录道："整个亚特兰大就像一座欲望之城，空气里到处流动着如何赚钱的焦虑气息。"美国人崇尚商业，亚特兰大则领风气之先。

市场多大，奇迹就有多大

南北战争是美国历史上的重要转折点，它维护了国家统一，废除了奴隶制度。战争之初本为一场维护国家统一的战争，后来演变为一场为了黑奴自由的新生而战的革命战争。

联邦军队的胜利保证了美国的统一，也给了联邦政府以足够的权力废除奴隶制。废除奴隶制后，黑人都成了自由公民。以亚特兰大为例，这个城市一半以上的人口都是黑人，美国形成了庞大而统一的市场，消费者的购买力也普遍增加。

改革开放以来，中国的广东省GDP年均增速达13.3%。学过数学的人都知道，这个数字是非常惊人的。但是，广东的起点也很低，统计数据显示，在开放之前，广东的人均GDP全国倒数前几名，甚至落后于西藏。1992年邓小平的南方谈话，给中国经济的发展带来一股强劲动力，当年GDP增长12%，工业增长20%，全社会固定资产投资增长36%，陈鸿道等一批商人从中嗅到了巨大的商机。

受惠于改革红利，加上中国庞大的人口红利，奇迹是一定可以出现的。谁先看到这一点，谁就能抢得先机。

王泽邦的后人仅靠在海外市场卖王老吉凉茶，可谓惨淡经营，最后不得不卖（或长期出租）给了大陆来的陈鸿道。再比如"康师傅"，在中国台湾当地是个根本就没人知道的牌子，但中国台湾的魏氏兄弟，抢先在大陆开展业务，超越了台湾地区的行业老大"统一"。

第二次工业革命，使美国完成了"崛起"。也使美国实现了工业化和城市化，成为了世界工业强国。也就是说，美国不但有了庞大而统一的市场，美国人也普遍有钱了……这一切都为可口可乐这个超级巨无霸的诞生创造了条件。

可口可乐的"凉茶铺"

1873 年，德国化学家、工程师卡尔·冯·林德发明了以氨为制冷剂的工业冷冻机。林德用一台小蒸汽机驱动压缩器，使氨受到反复的压缩和蒸发，产生制冷作用。林德首先将他的发明用于威斯巴登市的塞杜马尔酿酒厂，设计制造了一台工业用冰箱。

1879，林德又将工业用冰箱加以改进。使之小型化，发明出了第一台家用冰箱。这种冰箱很快就投入了生产，到 1891 年时，已在德国和美国售出了 12000 台。

技术上，也开始为可口可乐的畅销创造了条件。

这种家用冰柜，无疑是当时最"高大上"的发明。当时的美国人，都以喝这种冰柜冰过的"冷饮"为时尚。

美国人人喝冷饮，就像法国人喝波尔多葡萄酒一样，是一种风尚，也是一种文化。这也就决定了，可口可乐在诞生之后的很长一段时间里，主要依靠这种冷饮冰柜贩售点，就像广东凉茶主要靠零插铺子里那种瓦罐大瓮零沽售卖一样。

一开始，可口可乐是以冷饮的形式贩售的。

客人支付 5 美分，店家给客人打一小杯跳着气泡的棕色可乐，凉凉的。

5 美分这个定价，其实算不上便宜。这个定价和加多宝红罐凉茶在终端的零售价格差不多。要知道，当时美国人招一个童工，每天才支付 10 美分。

这种冷饮配合着冰柜，会形成一种"高大上"的神秘感。

原始定位，万能灵药

无论古代还是现代，在中国的很多地方，总能看到卖"祖传秘方"的广告。这其中也许真有一些确实能够治病的药物，但大部分是利用了人们"急病乱投医"的心理得以存在。它们一般要价不贵，没治好，病人也不会怪他们，毕竟正规大医院也没治好。治好了（很难说是不是别的原因所导致的），就会传为美谈，传为最有效的口碑广告。

在 100 多年前的美国，也有过类似繁荣的"野药经济"。

那时，美国的医患关系很紧张，当时的医院流行"放血疗法"，或者给患者用鸦片、水银氧化物之类的来治病，因此患者普遍不信任医生。所以，各种祖传秘方、偏方大行其道。美国政府也乐意为这些草药秘方登记专利。

毕竟，外来的和尚会念经。那时在美国最流行的一种神奇野药，是来自法国的一位名叫马利安尼的江湖郎中的"药酒"。据说，罗马教皇晚年常喝他的药酒，最后活到了 93 岁。

这种药酒被称为"马利安尼酒"，他的主要药理成分，是其中的古柯叶（Co-Ca）。古柯叶可以提炼古柯碱，也就是可卡因。早在 16 世纪，西班牙探险家们便注意到南美洲的土著通过咀嚼古柯植物的叶子来提神。19 世纪中期，德国的化学家从古柯叶中提取出麻药成分，并进行精炼，命名为可卡因（Cocaine）。

"马利安尼酒"流行后，美国市场上出现了很多山寨货，有些山寨货甚至做得比原版更好，因为模仿者干脆不放古柯叶，而是直接往红酒里面放提纯后的可卡因，所以药效更强。

那个时候，人们还没有意识到可卡因的危害。甚至普遍把它作为一种戒毒的良药。

这个时候，有个在南北战争中负过伤的老兵登场了。

约翰·彭博顿，这个昔日的南方老兵，已经选择遗忘对"北方佬"的仇恨，想办法赚他们的钱财是他唯一要做的。

彭博顿在战争中曾经留下创伤。为了缓解创伤，他染上了吗啡毒瘾，为了戒毒，他对各种成瘾性物质可谓了如指掌。

约翰·彭博顿也是众多希望靠"秘方"发财的人之一。他尝试发明过几个秘方，并登记注册了专利，但都效果不好。这一次，他把目光瞄向了大受欢迎的"马利安尼酒"，他要发明一种比原版更好的古柯酒。

在约翰·彭博顿的古柯酒研制成功后不久，他所在的城市亚特兰大开始推行禁酒令。

约翰·彭博顿并不甘心就这样失败，于是他推出无酒精版的"马利安尼酒"——剔除了原先版本中的酒精成分，添加了一些蔗糖，又加入了一些具有异域风味的植物，比如来自中国的肉桂，来自非洲的可乐籽（Cola）。可乐籽含有大量的咖啡因。

主要成分古柯叶（Co-Ca）加上可乐籽（Cola），就成了这款饮料的名字"Coca-Cola"，汉译为可口可乐。彭博顿宣称可口可乐可以治愈：头疼、胃痉挛、失眠、抑郁症……

可口可乐的前身也是山寨货，山寨的对象是"马利安尼酒"。但这世界上还有一个神奇的东西，就是时间。时间能改变一切事物的性质，甚至能使黄沙变成黄金，腐朽变为神奇，山寨货变成经典。比如一件古玩，如果是现代人造的假，至多被称为高仿工艺品，如果是明朝人造的假，那它无论如何也是一件真古董……

成瘾经济学，被商学院忽视的课题

想象一下，在某个蛮荒之地，你饿了三天。这时候，有个老先生给你一个烧饼，你很快吃掉了；他又给你一个，你也吃掉了，感觉胃里好受多了，有了力气，你对这个人很感激。他又给你一个烧饼，你吃掉了，感觉有点饱足；他又递给你一个烧饼，你说谢谢，不吃了。他硬要你吃，你勉强吃了。当他要求你吃第五个烧饼的时候，你真的要拒绝了。

这几个烧饼之于你的效用，就是传统经济学的"边际效用递减"效应。这也符合我们日常的判断。

传统经济学的理论大厦是建立在"经济人"假设的基础之上的。也就是说，人是具有无限理性、无限意志的。商学院的经济学课程，包括市场营销课程，大多基于这一假设。基于这个假设，教授们可以推导出蔚为壮观的理论。

这当然是错的！

比如，有些音乐，会越听越想听。有些辣货，会越吃越上瘾。在某个范围内，成瘾性和传统教科书的边际递减学说是相违背的。

早在 100 多年前，就有一位江湖郎中，比现在的商学院教授更了解人性。他深信，自己发明的成瘾性饮料，一定能够大卖。他虽然未能在有生之年亲眼目睹自己的发明畅销全球，但他死了几十年后，愿望终于实现。他就是约翰·彭博顿，可口可乐的发明者。

"瘾性"的翅膀

古典可口可乐至少含有了三种成瘾性物质：可卡因、咖啡因和糖。迫于司法和舆论压力，可口可乐已经将原始配方里的可卡因去除，但它仍是一种瘾品，可乐爱好者在国外被称为"可乐瘾君"。

人对糖有一种天生的嗜好。亚洲糖王郭鹤年在回忆自己为什么要坚持做糖生意的时候说："人人都爱吃糖。婴儿晚上如果哭闹，母亲喂他一些糖水，立刻就不闹了。"糖，是一种疗饥解忧的灵药。

为何机场最热卖的是酒、烟、咖啡、茶、巧克力之类？因为当一种物品具有成瘾性后，就会为它插上一双翅膀，飞跃五湖四海，大洋高山。甚至，为了获取成瘾性物质，可以诱发国与国之间的贸易、殖民和战争。瘾品才是名副其实的"刚性需求"。

糖在最初被当作奢侈品，古代印度人最早发明了制糖技术。糖也被当作一种药物，用来治疗头痛、胃痉挛和阳痿。当时，制糖技术作为一种高科技，只在师徒之间口口相传。

后来，制糖技术传到了波斯，那里的统治者喜欢以奢侈的糖来招待宾客。后来阿拉伯的军队干脆攻下此地，连糖带制糖技术一同掠去。

随着十字军东征，欧洲权贵也中了糖之魔咒。为了寻找能够生产甘蔗的土地，欧洲人开始了航海探索。15世纪，他们把甘蔗种到了大西洋诸岛，为了制造更多的糖，他们不但奴役当地土著，还贩卖黑奴，以增加劳动力。

如今，"吃糖太多不利健康"已被大多数人所认识，其实，糖还是一种"具有潜在危害且会使人上瘾"的物质。

加州大学旧金山分校的内分泌学家罗伯特·斯勒蒂格指出，糖是一种纯热能物质，除了会导致发胖外，还会刺激大脑释放多巴胺让人上瘾。进入血液中的糖会刺激大脑的快乐中枢，与海洛因、可卡因对人的刺激如出一辙。若高剂量服用的话，糖本身就是毒品。

陈鸿道的美国知己

中国南方市场上，曾经出现过一种凉茶，名叫"王老世家"。这个牌子凉茶的老板是王泽邦的玄孙王健仪。但王老世家被加多宝公司"封杀"了。这说明：港澳一支的王老吉，王家也失去了控制权，否则完全没有必要左右手互搏。海外王老吉的实际控制人当然是陈鸿道了，而大陆的加多宝凉茶，也占据了凉茶品类的半壁江山。

如今，王老吉凉茶已经不姓王，可口可乐也不姓"彭"，与王老吉凉茶一样，可口可乐的发明者及其后裔，现在已经与可口可乐没有什么关系了。

彭博顿虽然发明了可口可乐的配方，却没钱量化生产，做营销推广，他还需要拉人合伙。于是，他又找了别人合伙，幻想一起做大。

彭博顿一直到死都坚信，可口可乐会成为大众喜爱的饮料。但毒瘾发作时，一切都要靠边站。

吗啡依赖者彭博顿已经顾不了什么绅士风度和操守自律了，为了筹集毒资，他开始偷卖公司的股份了。

当彭博顿吞吞吐吐地将这一切告诉给合伙人时，他们都被弄蒙了。但他们所签订的原始合同有漏洞，这些人只能干着急。如果他们真的想争取回自己的股份，就要不惜血本地打官司。

彭博顿已经偷卖了一次可口可乐的股份，自然就有了第二次。

这次彭博顿以刊登虚假广告为饵一口气钓上了三个性急的企业家，伯顿的出价是 2000 元购得一半的股份。

可口可乐的股权分散得七零八落。股东们厌倦了，为了减少损失，他们又找了一些"冤大头"，把公司股份又转让出去一部分。最后，他们又找到了一个资深偏头疼患者艾萨·坎德勒。他们说："可口可乐可以治疗你的头疼。"

艾萨·坎德勒，这个人其实才是可口可乐的真命天子。巴菲特在 1997 年伯克希尔公司股东年会上说："坎德勒基本上只用了 2000 美元就买下了可口可乐公司。这可能是历史上最精明的一桩买卖。"

坎德勒又于 1888 年以 550 美元的价格购买了彭博顿余下的 1/3 的可口可乐股权，这样他就拥有了可口可乐的全部股权。

彭博顿拿着出卖可口可乐公司的钱，去购买吗啡，在毒瘾和病痛的双重折磨中，不

■艾萨·坎德勒（1851—1929 年）

久即告别人世。坎德勒也参加了彭博顿的葬礼，还"假惺惺地掉了几滴泪"。几年后，彭博顿的儿子暴死于一家旧旅馆，身边还散落着一些吸食鸦片的工具。彭博顿的遗孀先是失去了丈夫，接着失去了儿子，余生靠领政府的救济金过活。

艾萨·坎德勒是一个乱世枭雄，他起用了可口可乐的一位元老鲁滨逊为经理，主管可口可乐的生产经营。可口可乐就是在这两位手中发扬光大的。

艾萨·坎德勒与陈鸿道一样，都有过人的销售天赋。坎德勒年轻时曾经做过药店的小伙计，他在工作中发现了一条规律：顾客一般懒得去退货。

这本是一种很普通的人性，但坎德勒却能将这门"绝技"发挥到极致。

根据这一人性规律，坎德勒可以将他的产品吹嘘到天上，神奇的效果可以无以复加，并且承诺，如果不满意可以无条件退款。

这其实是很有杀伤力的，要知道，你去餐厅吃饭，商家给的返券你有时候都懒得用。何况，作为一种含有可卡因的饮料，多少会有点效果的。最重要的，价格并不太贵，一般人也懒得去退货。

坎德勒自己也是个医生，类似可口可乐这样的秘方，坎德勒手里握有一大把，其中没有一样是他自己发明的，都是他自己花钱购买的。

与陈鸿道一样，坎德勒喜欢到处去收买那些经营不善的"祖传秘方"以及商标，然后用自己的营销策略重新包装上市。

陈鸿道也一样，手里握着一大把好商标，比如著名的矿泉水品牌"昆仑山"就是挂在他本人名下的。如果只是囤积一些好商标，他至多是个商标投机客而已，但他同时具有艾萨·坎德勒的那种实干、开拓精神。昆仑山矿泉水已经成为陈鸿道布局饮料业的另一支劲旅。

陈鸿道与坎德勒，中美两个大国的南方佬，可谓是跨越时空的知己。

瓶装，绝妙"臭棋"

凉茶能够卖到全中国，离不开罐装。可口可乐能够卖到全美国，离不开瓶装。

传说，有个聪明人找到坎德勒，说自己有一条妙计，能帮坎德勒把可口可乐销量实现质的飞跃。但前提是坎德勒支付自己一大笔钱。坎德勒答应后，那个聪明人附在坎德勒的耳边说了两个字："瓶装。"

其实，坎德勒不是不想卖瓶装或者罐装的可口可乐，而是那时的技术还不成熟。所以，坎德勒只能依赖"凉茶铺"——冷饮柜贩售可口可乐。

这种模式是造不出超级饮品的。瓶装才是可口可乐腾飞的关键。

早在1888年，经销商们就曾经尝试贩卖瓶装的可口可乐。那个时候，虽然已经有了玻璃瓶，但塞瓶子的塞子却依然是木质的。木质瓶塞和可乐里的微生物一起发酵，会产生怪异的味道。即使有更好的瓶塞出现，成本也非常高昂。

坎德勒有个侄子，是可口可乐销售部的经理，他向坎德勒叔叔汇报："那些瓶装的可口可乐味道就像屎一样。"所以，瓶装可口可乐这种念头，会被视为愚不可及。

"只要有人的地方，就要有可口可乐。"要实现这一梦想，瓶装是基本前提。

坎德勒还有一个与陈鸿道颇为相似的地方，就是在授权合同上百密一疏。

1899年的时候，有个名叫本杰明·托马斯的律师，发现已经有人发明了一种廉价的，同时能保证饮料风味的瓶盖。但是，可口可乐公司似乎对此还无动于衷。那时，可口可乐已经是卖到美国好几个州的饮料了。

托马斯律师想，能不能代理可口可乐公司的瓶装饮料呢？他把自己的想法告诉了自己的好友欧文。欧文先是对托马斯嘲笑一番，但接着表示，自己可以帮忙把托马斯引荐给可口可乐的老总坎德勒，因为坎德勒正是自己的表哥。

经过一番准备，托马斯终于见到了坎德勒。坎德勒对托马斯的想法非常不以为然，说以前已经有过很多人有过这种想法了，全部赔得血本无归，劝他不要自讨苦吃。

托马斯既不气馁，也不急于达成协议。谦恭有礼，文质彬彬，面带微笑地听着坎德勒滔滔不绝地讲说。坎德勒感觉自己得到了极大的尊重。

虽然这次见面没有达成任何协议，但坎德勒对托马斯留下了好印象。以后，托马斯继续以各种理由拜访坎德勒，天上一脚地下一脚地聊，不失时机地给托马斯拍马屁。

最后，坎德勒实在过意不去了，说："年轻人，我知道你想要的是什么，我今天就答应你。"

于是，托马斯起草了一个600字的合同，坎德勒看了一遍就签上了自己的大名。

坎德勒最在意的三点，都在合同上体现了。第一，托马斯只能卖可口可乐公司的瓶装饮料，不能装其他公司的饮料，否则合同失效。第二，如果不能满足合同所列地区的需求，合同失效。合同所列地区几乎包括整个美国。第三，最关键的，坎德勒认为杯装可口可乐才是核心业务。托马斯不能和可口可乐公司抢冰柜冷饮生意，可口可乐公司仍保留冷饮的独家经营权。坎德勒认为，这个合同完全有利于自己。

托马斯害怕坎德勒反悔，等坎德勒一签完字，他立刻就把合同揣进怀里，想溜之大吉。

这时，坎德勒厉声叫住他，说："小子，别怪我没有警告过你，如果你赔了钱，将来别在我面前哭，去吧！"

坎德勒不知道自己已经种下了巨大隐患。

第一，他不知道更好的瓶装技术已经出现，未来瓶装可口可乐会超越杯装。

第二，合同里没有说，假如可口可乐糖浆成本上升，自己有权涨价，

第三，最重要的，它没有标注合同有效期，也就是说这是一份永远有效的合同。

必须承认，坎德勒有着可以傲视同侪的商业头脑，但绝非完美无瑕。

智者千虑，必有一失。正所谓"谋势不谋子"，大势选对了，就算是瞎搞，仍然有很大几率搞出名堂来。这就好比，改革开放初期，只要有胆敢闯，大多在商业上有所斩获。在股市牛市期间，闭着眼投资，也能赚到钱。

年轻的托马斯律师和他的公司合伙人当然大赚了一笔。但诡异的是，托马斯和他的合伙人都在四五十岁的时候英年早逝。这让可口可乐后来有了挽回的机会，但也不得不破费了好几百万美元。

凉茶铺的黄昏

王老吉的后人之间曾经约定，他们只做凉茶生意。

凉茶生意到了王家第三代的时候，生意最为红火。以至于兄弟之间闹上公堂。

到了第四代，生意就开始走下坡路，王家后人开始纷纷转行。

传统凉茶行业没什么壁垒，进入门槛极低。加之西洋现代医学的冲击，中医的式微，整个行业走向没落也是必然。不仅是王老吉的后人转行，很多售卖凉茶有几十年，甚至上百年历史的其他凉茶铺也纷纷关张。

王老吉在港澳的四家凉茶铺一度连同商标一起被变卖，后来仅仅花了17万港元又全部赎回。生意之惨淡可想而知。

在加多宝的红罐凉茶卖到全国之前，在岭南市场，有个凉茶牌子一度比王老吉风头更劲，它就是黄振龙凉茶。它的创始人是黄振龙先生。1940年代中期，黄振龙开设了第一家凉茶铺，而后他又不断开设分店。"文革"期间，黄振龙的凉茶生意一度停业。1996年，黄振龙的儿子黄富强重新注册成立了黄振龙凉茶公司。黄振龙凉茶主要以凉茶铺的形式售卖，凉茶铺的扩展以直营或加盟的形式实现。黄振龙虽然后来也生产了罐装凉茶，但大部分渠道已经被王老吉和加多宝垄断。

传统的凉茶铺，在商业模式上无法和现代工业模式竞争。

冷饮柜就是可口可乐的"凉茶铺"，注定也要走向衰落的命运。

托马斯获得坎德勒签字的合同后，短短几年时间，瓶装可口可乐的销量完全赶超冷饮柜杯装可口可乐。

短短十几年时间，美国几乎每个小镇上都有了一家可口可乐的瓶装工厂。1904 年，一位愤愤不平的印第安纳州冷饮柜主写道："我们已经预感到，通过冷饮柜销售的这种特制饮品，在经历过这些年的风光之后，终究难逃一死。"

第4章

收官之战——味道比药方更重要

尊重过去，迷恋未来。

——百达翡丽广告词

我一直在寻觅情感的根源。在一个多数产品没有显著差异的时代，主要的差别在于人民感受它们的方式。

——菲尔·杜森伯（前百事可乐广告负责人）

广东人特别喜欢吃苦菜,越苦越凉越能降火气,所以有"凉药苦口利于病"的说法。

过去的凉茶,为了显示自己能降火,都尽量做得苦一些。于是,一些凉茶铺为了增加苦味以表现浓度,还会添加猪胆汁以次充好。过去广东流传一句话:"老老实实王老吉。"讲的就是王老吉不会往凉茶里放苦胆汁。

陈鸿道针对更广大的北方市场,进行了一系列调整:首先,"换装",采用了在中国文化中代表吉庆的朱红底色;其次,"换味",一改凉茶过去在广东很重的苦味,改为全世界都畅通无阻的甜味。这种变了味道的产品一开始没敢称为"凉茶",而是叫"清凉茶",算是打了个擦边球。

去火,是凉茶的最基本属性。就好比食用盐,有加碘盐、加钾盐、原始海盐……不论何种功能定位于诉求,咸是其基本属性。所以,"怕上火"广告并不是一个品牌定位,至多是一个品类定位。

作为一种味道极甜的去火饮料,到底有多少顾客是真心冲着去火概念买的?又有多少顾客是被独特草药风味所吸引?味道因素,是一个非常重要的因素。

给凉茶加点糖

20年前，我在广州街头的凉茶铺子里第一次品尝到了广东凉茶。

作为一个北方人，我认为它就是药，其味道非常苦，像小时候为预防流脑学校里发的汤药。

但这种凉茶，也只有那些从小在广东生活的人才会接受，我这个北方人是绝不愿喝第二次的——人的口味偏好大多是小时候养成的。

如今，几乎所有的凉茶饮料都号称自己传承古方，但为了征服更多消费者的味蕾，都添加了超出古方千百倍的糖。

在王泽邦那个时代，糖还是一种奢侈品。凉茶铺里会备有仁面凉果之类的点心，供怕苦的客人搭配食用，茶铺称这种点心为"送口"。如今市场上的凉茶，基本都是非常甜的糖水。糖水中的汤药味道，仅仅是一种点缀。准确地说，这只能算是一种凉茶风味的糖水饮料。

虽然中国有药食同源的传统，但根据现代食品安全管理的理念，还是必须加以区分的。

加多宝的经典广告口号是"怕上火喝加多宝"。可是，据国家工商局《食品广告发布暂行规定》的规定，食品广告不得出现与药品相混淆的用语，不得直接或者间接地宣传治疗作用，也不得借助宣传某些成分的作用明示或者暗示该食品的治疗作用。

那么问题来了，凉茶到底属于普通食品还是保健食品？

相对于普通食品，保健食品具有一定功效，审批严格得多。现在，很多食品企业都巴不得普通食品能冒充保健食品。但整个凉茶行业却反其道而行之。比如，加多宝早在2003年就为"加多宝凉茶"申请了保健食品批号——卫食健字（2000）第0437号，功效为"清咽润喉"。

在王老吉和加多宝凉茶的外包装上，都有QS标志（食品生产许可证），按照相关规定，保健食品是不必打QS标识的。之所以犹抱琵琶半遮面，就是要给人一种普通饮料的印象。

只有王老吉凉茶的罐子上有"广药"二字，似乎还在提示消费者，这是一家制药企业的产品。

口味比药方更重要

在我内心有一个很大的疑问，就是同为广药生产的王老吉凉茶颗粒与王老吉罐装凉茶，为什么成份完全不同？

王老吉凉茶颗粒成份为：岗梅、山芝麻、五指柑、淡竹叶、木蝴蝶、布渣叶、火炭母、金沙藤、广金钱草、金樱根。

而王老吉罐装凉茶成份为：水、白砂糖、仙草、蛋花、布渣叶、菊花、金银花、夏枯草、甘草。

凉茶大战的双方如果一直纠缠于唯一的正宗性，最后可能是一损俱损。

难道真的越不过配方这道"坎儿"吗？可口可乐的做法或许有一定的借鉴意义。

当坎德勒购买可口可乐股份的时候，其股权已经十分分散，其配方已经半公开化，坊间至少已经有十个人可以合法地使用它的配方。

这个时候，如果你是坎德勒，你会怎么办？

坎德勒虽然仍然打秘方牌，但不再着眼于"药方"，而是着眼于"味道"。这也体现了坎德勒过人的商业智慧。

过去的可乐厂商，虽然不必像今天的凉茶厂商一样，必须在外包装上标注产品成分表。但是，任何一个识字的美国人都能从Coca-Cola这个商标中猜出其主要成分。Coca，代表古柯叶，Cola代表可乐籽。

执着于配方中的药效部分，已经没有意义。但坎德勒还是给原来的配方加了"补丁"。首先，他把彭博顿配方中的物质分别用1、2、3、4等代码编号，这样就为配方增添了一种神秘色彩。

在"传承"彭博顿药效配方的基础上，再加进去一种调味秘方，即所谓的7X调味料。可口可乐99%以上的成分来自彭博顿的配方，不到1%的成分来自神秘的7X调味料。

坎德勒的策略就是，主要药效配方你可以模仿，关键口味你学不会。

较之约翰·彭博顿的原始配方，如今的可口可乐配方已经发生了很多变化。早前的古柯叶被剔除了，可乐籽的含量配比也发生了变化。可口可乐的配方，可以说是一种超级配方，之所以成为超级配方，离不开这个所谓的7X调味料。

1998年，"股神"巴菲特，同时也是可口可乐公司的大股东，在佛罗里达大学做公开演讲时，指出了可口可乐那不到1%调味料的秘密——配方中的1%所产生的神奇效果就是：超越味觉的叠加！

巴菲特如此解说：其他饮料，如甜苏打水、橙汁、汽水，等等，如果重复饮用，会让人对其味觉生发麻木感，边际效用递减效应往往令人对其产生某种"厌恶"。但是，这个对可口可乐不会有效：在一天里，即使你多次喝可口可乐，而每一次的味道都是一样地好。

神秘仪式强化神秘感

广药和加多宝相互指责配方问题的时候，消费者心中其实是很不屑的，更多的人可能看到的是两个身着"皇帝的新装"的人。

之所以争来争去，最终要争的是那份"神秘感"。与其互相指责，不如在味道上多做文章。

客观地说，一款饮料，并非仅靠神秘感就能够成功的。产能、品牌效应、终端控制能力都很关键。就算可口可乐的神秘配方路人皆知，也不会对可口可乐造成威胁。在随处都可以买到正牌可乐的情况下，人们为什么要特意去买山寨货呢？但是，为产品制造一点神秘色彩，加上一点叛逆和新奇，确实会对销售起到锦上添花的作用。

可口可乐中99%以上的配料是公开的，神秘的调味料"7X"在可口可乐中所占的比率还不到1%，但是少了这1%的"7X"，怎么也制造不出可口可乐的特有味道。

所以，"7X"调味料——一直以来都是可口可乐的精髓。

谁真正知道这棕色的嘶嘶冒泡的液体里究竟有什么东西？传说，为了分析出这种"7X"调料，化学家和竞争者们花了大量时间仍未探出奥秘。

可口可乐公司拒绝公开有多少人知道这完整配方，一般都认为不会超过十个人知道这一秘方。如果这几位知情者忘了这一秘方，他们就必须到佐治亚信托公司去，因为该秘方的记录存放在该信托公司的保险箱内，其安全措施是非常严密的。外人要想打开这个保险柜，比登天还难。

可口可乐的这个配方一直对外秘而不宣，甚至有一段时间不惜退出印度市场。

2006年8月2日，在印度爆出"有毒可乐"事件后，印度最高法院下令要求可口可乐公布其秘密配方。可口可乐干脆退出印度市场，以抗议印度政府要求其公布配方的判决。

不少人认为，可口可乐公司是在故弄玄虚，因为在实验室里分析其成分简直是易如反掌。可口可乐公司宣称全世界只有两个人知道这神秘配方，还煞有介事地说如果神秘配方丢失，将会产生严重后果。

到底哪家才是唯一正宗，是由市场占有的市场广度和时间长度决定的。谁控制了历史，谁就控制了将来；谁控制了现在，谁就控制了历史。乔治·奥威尔在《1984》中的论断，同样也适用于商战。"山寨"的配方，只要能在市场上存活得足够久，也就可以修成正宗。

在世人眼中，可口可乐是最正宗的可乐，但它其实也是靠山寨别人的配方起家。有一家叫"肯特可口可乐"的厂商，甚至比它提前几年注册了商标，而百事可乐，上市时间仅仅比可口可乐晚了 4 年。

味道，秘方中的秘方

凉茶之战中，对方过于强调配方，而相对轻视了味道。

也许有人会问：配方正宗，不就等于口味正宗吗？

要知道，配方启动理智模式，口味启动情感模式。在营销中，感性是比理性更强大的武器。

配方是个诉诸理性的概念，你说自己配方正宗，就会有人和你抬杠。而口味则是个诉诸感性的概念，你说自己口味真经典，则是在陈诉事实。

你现在是不是真正的"凉茶领导者"，消费者无从判断，但至少 1995—2012 年这段时间红罐凉茶是真正的凉茶领导者。

你是不是独家正宗凉茶消费者也感觉很凌乱，但这 17 年期间的最被广泛接受的凉茶风味真是由你确立。这种风味在原始配方中应该是没有的。凉茶的口味各家略有不同，甚至原来的红罐王老吉和绿盒王老吉也有区别。

王老吉和加多宝的凉茶风味各有千秋，就我个人的味觉感受来说，王老吉可能添加了罗汉果，而加多宝则很可能添加有薄荷。

在这 17 年时间里，加多宝将凉茶做大成了一个品类，市场是自家做起来的，消费者的味蕾记忆也是自家培养的，强调自己是"经典味道"，比什么"正宗凉茶"更能收回失地。

加多宝十几年来对市场的培育，并不会白做，消费者的味蕾是认可这种口味的。

品牌被人收回了，但消费者味蕾的记忆力是非常强大的，这种对经典味道怀旧的情愫是拿不去的。

未来凉茶企业的竞争焦点，可能会转移到"正宗配方，经典味道"上来。

加多宝和广药不只是竞争关系，还有携手维护这个品类的合作关系。对于广药来讲，能收得回的是商标，收不回的是消费者的味蕾记忆。

收官之战

收官是围棋的一个常用术语，是指中盘战斗结束后，在双方控制的疆域大致划定的情况下，双方对尚未有确切归属的边界地域的争夺。味蕾认同，才是真正的无主之地，谁先宣示主权，就是谁的地盘。

凉茶、可乐都是脱胎于汤药的植物饮料。都"传承"了正宗配方，但口味已不是当年的口味。

凉茶是一个历史上曾经辉煌过的"品类"，只是后来被时代抛弃了。海外王老吉的后人，为了区区几十万元的债务就变卖祖业和商标，就是凉茶行业彻底凋落的证据。

正是靠了现代口味、现代包装再加上现代媒体，才让凉茶这个品类重新还魂。

"最广大"消费者真正在意的，不是草药配方，而是饮料味道。

从 2013 年 2 月起，口味维权事件屡屡上演，广药一时疲于应对。

辽宁沈阳消费者吴女士发现王老吉凉茶的口感、味道与原来相比有差别，认为自己的知情权被侵犯，一纸诉状将广药王老吉告上法庭。经沈阳市沈河区人民法院开庭审理后，法院于 6 月 25 日做出终审判决。法院在判决书中判定"口味维权"不成立，依法驳回了吴女士的所有诉讼请求，"王老吉的莫须有罪名终于得以昭雪"。法院在判决书中指出："原告主张的口味、口感发生变化是原告自身对诉争食物（王老吉凉茶）的味觉认识与之前对同样食物的味觉回忆对比的结果，实质是原告对食物的自身感官评价，评价结果会受到包括原告身体状况、心理状况、外部环境等许多食物之外因素的影响。这种结论是依赖于评价者个体的主观认识的。在没有约定的情况下，如将其作为食品经营者承担责任的依据，将使经营者责任承担标准极不确定，使经营者无法判断从事生产经营和市场交易的后果，据此结论要求经营者承担责任也极不公平。"

2013 年 7 月，山东淄博消费者郝女士在超市中购买了红罐王老吉饮料两箱，饮用后发现口感味道与以前的王老吉"明显不同"。郝女士认为，售卖该王老吉产品的超市侵犯了自己的知情权，在找店家理论无果的情况下郝女士向法院提起诉讼。

在临淄区人民法院的主持调解下，原被告双方达成协议，在确认产品口味不符的事实下，被告退还郝女士购买饮料的款项 150 元，并赔偿 50 元交通费以及精神损失费 500 元。

　　而随着此类案件的增多，加多宝也被一些人怀疑是幕后策划者，这究竟是不是空穴来风，只能靠读者自行脑补。

　　不论是广药还是加多宝，也许都见过王泽邦药方的真容，都"传承"了其中的合理部分。然而，都没有拘泥于古方，而是各自生产了独具风味的凉茶饮料。

　　纠缠于自己的唯一正宗性，实在是不得要领。消费者只会认为，这两位至少有一个在撒谎。

　　如果竞争双方的供应链、产能、渠道、终端之争都已经处于相持阶段，甚至连配方和产品定位也高度雷同，那么"谁是消费者最认同的口味"将是收官之战。

　　不论王老吉还是加多宝，都应尽早在"口味"上做准备。至于如何操作，可以参考可口可乐的7X神秘配方。只有完成了对"经典味道"的占领，才能最终确立"超级配方"。

加多宝最受欢迎的广告语

　　在凉茶大战中，"味蕾认同"是一张超级王牌。加多宝方面也意识到了"熟悉的味道"很重要，却没有将其提升到应有的高度。

　　加多宝公司打出过"还是原来的配方，还是熟悉的味道"广告，但是却没有给予其足够多的权重，比如在外包装上也没有"熟悉的味道"或"经典味道"等字样。

　　然而，正是这一条并没有给予太多重视的广告，却获得了消费者的最大认同。被人编成各种小段子口口相传。比如——

　　有一对怨偶经常吵架，后来索性离了婚。

　　多年以后，不知道为什么，竟然又复婚了。

　　复婚那天，他们又办了一次婚礼，司仪问新郎：对复婚有什么感想？

　　新郎有些窘，不知说什么好。

　　新娘抢白：“还是原来的配方，还是熟悉的味道。”

　　大致而言，人的记忆分为两种，一种属于感性的，一种属于理性的。

　　我们对声音、温度、味道的记忆，对运动技能的记忆都属于感性的。比如，当你学会游泳后，就再也无法遗忘这项技能了。再比如故乡泥土的芬芳，或许难以名状，却一直魂牵梦系。

　　还有一种是理性记忆，就是各种老师让记的东西。你知识最丰富的时候应该是高三吧，上知天文，下知地理，文能吟诗三百首，理能解得数理化。可是，现在应该遗忘得差不多了吧。理性的记忆是非常弱的。

　　前面提到的劳拉·里斯的“视觉锤”理论也可以旁证这个理论：对画面的记忆要远远强于对文字的记忆。同样地，人们对味道的认同，要远远强于对配方的认同。强调正宗配方，不如强调正宗口感。

　　人的味蕾记忆属于感性的，其强大性远远超出普通人的理解。

　　一些奶粉厂商甚至会不惜贿赂妇产科的护士，希望她们喂新生儿自己公司的奶粉。因为不同品牌的奶粉配方是不同的，味道也有细微的差别。但婴儿就认第一口奶，且能记住这细微的差别。

　　大部分人都喜欢吃“妈妈做的味道”，这不是因为自己老妈的厨艺一流，只是因为这是一种被人工后天培养成的味蕾认同，同时也是一种承载着幼年记忆的味觉。

　　成瘾性带有一种负面的消极色彩，而"味蕾记忆"则带有积极的情感色彩，一种怀旧的情愫，是一种流金岁月记忆载体。这种味觉上的偏好与成瘾性不可同日而语，却有着比成瘾性更强大的商业价值。无论加多宝，还是王老吉，至今仍未对这个点给予足够重视。

　　在加多宝凉茶的外包装上，至今也没有强调其味道经典性的字句。如果加多宝仍旧执着于"正宗配方"这个定位，其实是非常糟糕的。原因参见本章最后的"脑筋急转弯"。

"老味道"比成瘾性更重要

　　能够让人成瘾的东西太多了，糖、烟、酒、茶、咖啡，只要是法律许可的，都可以在市场上公平竞争。

　　对于成瘾性商品，非常难用"定位"之类的理论去占据人的心智。因为成瘾性商品的可替代品太多。

　　比如市场上的香烟，可以有几千个品种共存，各自活得都不错。再比如"辣货"，也就是辣味鸭脖子、鸡翅尖之类的品牌，也可以同时并存几十家，不相伯仲。

　　可口可乐前期的成功确实借助了古柯叶的成瘾性，但是，可口可乐后来去掉了成分中的古柯叶，依然大受欢迎，就值得深入探讨了。

　　当郭思达先生担任可口可乐CEO的时候，可口可乐已经坠入历史的低谷。当时，百事可乐几乎要将可口可乐从最受美国人喜爱的可乐宝座上推下。他又是如何力挽狂澜的呢？

　　历史总是不断地重复，上演着因祸得福的悲喜剧。让我们回顾一段可口可乐的历史，分享一段商业史上最伟大的"失败案例"。

迷信逻辑，自毁长城

桌上有两杯可乐，其中一杯盛的是可口可乐，一杯是百事可乐，蒙上眼睛，您能仅仅通过口感来分辨它们，哪个是可口可乐，哪个是百事可乐吗？

30年前，百事可乐通过这种测试，在电视上向可口可乐发难。这是一个谁都可以报名参加的口味测试，长期的测试结果显示，消费者在盲测的情况下，他们选择了味道更甜的百事可乐。面对百事的发难，可口可乐公司也派出自己的人参加了盲测。最后认定百事可乐的味道更好，因为百事可乐更甜——人们对于糖的诱惑总是无法抗拒的。

一开始，CEO郭思达先生也没太在意百事的这个挑战。可是，自从这个电视测试广告播出后，百事可乐的市场份额开始扶摇直上，几个月后，其销量和可口可乐的销量几乎持平。

郭思达再也坐不住了，他认为，可口可乐必须采取激进的措施收复失地。于是，CEO郭思达酝酿推出一种"新可口可乐"。这是对百事可乐竞争压力所做的一种本能反应。

郭思达原本是古巴可口可乐公司的食品化学家，因为古巴进行社会主义改造，设在那里的可口可乐工厂被收归国有。郭思达见情势对自己不利，随即潜逃至美国。当年的古巴人不知道，郭思达是当时掌握可口可乐7X调料一半配方的两个人之一。这半张配方是郭思达的导师——一位食品化学博士传给他的。郭思达这个人比可口可乐工厂值钱多了，以至于多年之后，郭思达忍不住吐槽："就算你们把全世界的可口可乐工厂全烧掉，只要可口可乐品牌授权合同和可口可乐的集体知识还在，我就能迅速东山再起！"这里所说的集体知识，就是由两个人各拿一半的可口可乐7X调味料配方。

由于掌握着神秘配方，这名古巴裔的年轻人有机会进入到可口可乐的核心管理层，当时可口可乐的大老板是罗伯特·伍德拉夫，此公是可口可乐历史上最有管理能力的董事长，正是由于他的栽培、提携，郭思达才成为了公司CEO。

郭思达的老本行就是研究食品工业的口感、营养问题。他完全有信心开发出一种征服大众味蕾的新型可口可乐。

在郭思达的领导下，可口可乐开始秘密地研制新配方，这是对1886年彭博顿发明的可口可乐原始配方的首次重大背离。

1985年，"新可口可乐"诞生了，经过大量测试后发现，与传统的可口可乐和百事可乐相比，消费者更喜欢这一新产品。期间，共有19万名志愿者参加了口味盲测，新配方以55：45的比分稍胜旧口味，指明了新旧两类之后，比值更是立即升至61：39。

可口可乐公司的市场调研不可谓不慎重，这个慎重的决定是经得起逻辑推敲的，但能经得起市场的考验吗？

市场的反应还是超出了可口可乐公司的预料，先是新闻发布会上记者们的质疑与责难；接下来一周的时间里，每天一千多个电话占满了公司的800条电话线，几乎人人在愤怒地指责可口可乐不应该改变产品的口味。

郭思达和公司的智囊都坚信，这种抗议等一等就会消失了。

首先，他们的信念有严格的市场调查做依托。其次，这种推断又合乎理性。按照理性的分析，只要你的产品比以前好，消费者慢慢就会买账的，用不了多久，消费者就会爱上新可口可乐，忘掉老可口可乐。

篡改经典，就是删除记忆

按理说，出什么口味的产品，改不改口味，是商家自己的事儿，消费者无权置喙。

然而，从感情上还是能够理解的。比如作家嫌自己以前的作品幼稚，忍不住想修改，这是一件很私人的事情。于是，金庸决定把《鹿鼎记》主人公韦小宝的结局改得很惨。大多数读者感情上却无法接受，反对意见几乎都是批评金庸"改变了共同回忆"。也许，翻译成英文版，外国读者会认为金庸的新版本更好一点，但仅仅"更好"就够了吗？

此时，经典口味的可口可乐已经上市 99 年，它是公众记忆的载体。

如你所知，郭思达的等待并没有获得期待的结果。抗议的声浪越来越高。

在接下来的两个多月的时间里，每天至少有 5000 个投诉电话打进公司的销售热线，甚至将可口可乐口味的变化上升到了对美国文化和民众背叛的高度上！

可口可乐在 78 天内便收到 40 万数的抗议信件和电话。并没有越来越多的人认同新可口可乐，反而是越来越多的人怀念老可口可乐。

一位消费者写信抗议：我不吸烟、不喝酒、不玩女人，唯一的爱好就是喝点可口可乐，现在，你们竟然把这点乐趣也给我剥夺了！

另一位信中写道：郭思达是谁，从哪里冒出来的，听名字就不是地道的美国人……老可口可乐，无可替代。

但真正触动郭思达的，是某次去一个小国开会。一家高档餐厅的服务员让郭思达先生点菜后，承诺将给他带来"一样特别的东西"，听上去就像是佳酿葡萄酒。没多久，服务员拿来了一瓶旧口味的可口可乐。就在那一刻，他意识到了市场反应的强烈程度。

郭思达先生终于确信，消费者可不是什么绝对理性的"经济人"，在"更好"和"更老"之间，他们偏爱的是后者。

于是乎，郭思达顺水推舟，宣布自己已经听到了消费者的呼吁，重新投产原来配方的可口可乐，并重新命名为"经典可乐"。

衣不如新，味不如旧

现在的商学院，一般拿这个案例当反面教材，告诫食品企业不能轻易地对产品配方做出改动。美国《商业周刊》把他的这次失败评为了"近十年最大的营销错误"，《纽约时报》甚至把它称为是美国商界一百年来最重大的失误之一。一位食品行业资深顾问这样回忆这件事："这就像是一场地震，我们现在还会感受到余震。"

但现在来看，郭思达的这次冒险之举，可谓歪打正着。

在可口可乐公司成立 99 周年之际，郭思达明显突围，改良配方。99 周年可谓多事之秋，要么加冕，要么重生。郭思达非常认真地走了一步险棋。

郭思达当然知道可口可乐有一部分忠实粉丝，但却无法度量他们究竟对可口可乐多迷恋。

这就像恋人的分分合合，也许他是爱我的，但爱我能有几分呢？不如分了吧。

于是乎，得不到的，永远骚动；被宠爱的，有恃无恐。

可口可乐的一位高管总结："我们完全低估了公众与我们品牌之间情感上的联系，这个品牌是美国通俗文化的一部分，而我们突然之间把它拿走了。"

据说一个电视台的记者每天下午3点，都会准时喝一瓶可口可乐。这是多年养成的生活习惯，有时甚至会有意不吃早餐和午餐，以便空出肚子多喝点可乐。他一听说可口可乐要改变口味，马上跑到最近的超市，一口气买了110瓶老口味的可口可乐。另一位顾

■可口可乐推出的经典可乐樽

客则抱怨说："你们带走了我的童年。"一个名为"美国旧可乐饮用者"的团体向可口可乐提起诉讼，并将一箱箱的"新可乐"倒入下水道。消费者开始囤积原始口味的可乐，因为在商店里已经难以买到了。与此同时，一个黑市也逐渐形成。

就像有一首老情歌唱的："若不是经历分别的时刻，你也不会珍惜我。"当郭思达顺水推舟，让"经典可乐"回归之后，可口可乐的销售量猛增，远远超过了以前的水平，顾客忠诚度得到了加强。

经典可口可乐的复出给人们带来的是失而复得的欣喜。消息发布当天，可口可乐公司收到了18000多个感激电话，感谢信件读起来宛若情书。一位消费者说："我觉得就像迷路的朋友回家了一样。"

第二年，也就是可口可乐公司成立100周年之际，可口可乐的市场份额一举超越百事可乐。

在郭思达担任可口可乐公司CEO的16年期间，可口可乐公司的市值从43亿美元上升到了1450亿美元，放大了300多倍。一大批可口可乐的投资者成为了千万富翁、亿万富翁。因此，郭思达也被称为可口可乐公司历史上最伟大的CEO。

谁能否认，正是可口可乐公司的这次产品决策失误，奠定了可口可乐

今后无可替代的地位？郭思达歪打正着，不经意间向全世界证明了，可口可乐才是美国文化（生活习惯）不可替代的一部分。

新定位困局：谁才是正宗凉茶

随着广药催收王老吉商标的节奏，加多宝不得不加快了"去王老吉化"的步伐，2012年3月，加多宝发表声明，红罐王老吉启动全新包装，强化"加多宝"品牌，广告语也从以前的"怕上火喝王老吉"变更为"正宗凉茶，加多宝出品"，连平面海报也很难找到"王老吉"商标的踪影。

对此，广药则在包装上打出了"正宗凉茶，独家秘方"。不久，和其正凉茶也跟风，包装上的口号换成了："中国凉茶和其正！"让人有点摸不着头脑，莫非是想揶揄加多宝是英资企业，英国凉茶？

针对"谁才是正宗凉茶"，广药和加多宝一直各执一词，均称自己生产的凉茶才正宗。

王老吉凉茶申遗的时候，加多宝与广药仍在合作。不知道双方中的哪一方力主申遗的，不论是谁，只能说这是一招绝妙臭棋，为各自标榜独家秘方留下了余地。

针对广药的"独家秘方"宣言，加多宝请出了以王健仪为代表的王泽邦后代成员召开媒体见面会，王氏家族发表联合声明，表示从未将祖传秘方授予广药集团使用。广药集团所生产的凉茶不是王家的祖传秘方。

"我们的凉茶秘方世代相传近200年，一直由王老吉后人持有，并且由第五代传人王健仪在香港沿用至今。制作凉茶的酿造工艺和生产流程自始至终都是由王老吉后人掌握，所以广药声称拥有王泽邦秘方的说法是不实之说。"

王健仪表示，广药集团还在未经允许的情况下，滥用王泽邦及其先祖的肖像，向国家商标局申请4个图形商标，已严重侵害了王氏家族全体后人的感情和权益，他们必然不会坐视不管。

当有人询问王氏家族祖传配方到底给了谁时，王健仪答道："早在1992年，我就将这个祖传配方传授加多宝使用。"

而广药集团方面则有人表示，王健仪吃里扒外，担任王老吉药业董事长的同时，还担任着加多宝的名誉董事长。

王健仪还公开声称："已将祖传秘方独家传授给加多宝集团。加多宝生产的凉茶是我独家授权配方的，过去是，现在是，未来还是。"

配方申遗，可能让神秘感消退

作为对王健仪的回应，广药集团给媒体发了一份以王老吉名义写的公开信。信中称，1956年国家以赎买的形式购得王老吉的祖业，发展成百年老字号、中国驰名商标，广药集团作为王老吉凉茶在大陆唯一合法传承实体，在1992年开创性地生产出盒装和罐装王老吉凉茶，成为国内最早的凉茶植物饮料。

广药方面进一步指出，2006年5月，根据凉茶秘方、专用术语及品牌拥有企业的历史资料、传承谱系、后发优势及保护发展措施，由广东省文化厅、香港特别行政区民政事务局、澳门特别行政区文化局共同申报并经国务院批准公布凉茶为国家级非物质文化遗产代表作，王老吉凉茶拥有凉茶10、11、12、13、14、15号秘方及专用术语。众所周知，"申遗"成功的凉茶品牌将受到《世界文化遗产保护公约》及我国有关法律保护。

对于王老吉后人此次的做法，回应中称，加多宝公司及其名誉董事长王健仪一再违背历史、违背法律，再次发布虚假消息恶意破坏王老吉正常生产、经营，对王老吉品牌造成了巨大伤害，王老吉警劝加多宝公司立即停止这种肆意捏造、恶意炒作的行为，同时王老吉保留追究其法律责任的权利。

给王老吉申遗的时候，加多宝和广药还是合作关系。申遗这个决定是谁提出的已经不重要，很难说是个好主意还是坏主意。

这次共 21 家企业，18 个凉茶品牌申遗成功。不止王老吉，黄振龙、邓老凉茶、清心堂、白云山等品牌都被列入第一批国家级非物质文化遗产代表作名录。王老吉呀王老吉，你真的有必要凑这个热闹吗？

按照国际惯例，一旦企业或某个行业希望申报非物质文化遗产，就必须交出自己的配方，否则是不可能申报成功的。只有向全社会交出了这个配方，这个企业才有可能享受"非遗"开发带来的种种好处。但是，你既然公布了配方，就不再是独家秘方，好处很难两头兼得。

在我国的食品类非遗申报中，相关企业所掌握的配方会被当作商业机密，可以得到一定程度的保护，即便如此，总会有部分评委过目吧，这不会损害秘方的神秘感吗？

前面说过，一个品牌的凉茶想成为畅销的饮料，须经过三级蜕变：治上火的饮料→防上火的饮料→解渴的饮料。

如果一定要再上升一个层次，那就是文化（风俗）的层次。就像可口可乐一样，它就是美国精神的载体。

从这个角度来讲，和其正凉茶的口号"中国凉茶和其正"非但不是无厘头，还堪称超前呢。

可是，文化只是中性词。"申遗"成功，未必会对一个品牌具有商业上的助益。

文化，更多的是指一种行为的习惯，一种习俗。我们庆祝时会喝酒，虽然没有谁会去申遗，但却是一种毋庸置疑的文化。

文化这个东西，并不是说你给它加上一批"高大上"的头衔就是文化了。文化的关键，在于潜移默化的"化"字。它只有和很多人发生了切身的联系、互动的时候，它才是活的文化，否则就徒具文化的躯壳，没有生命力。

在过去的若干年里，曾经有很多人喝过你这个品牌的饮料，这才是活的文化。而在久远的历史上，它曾经辉煌过，这只是已经衰朽的遗迹。

可口可乐没有"申遗"，它就不是美国文化的代表吗？

脑筋急转弯：谁才是正宗配方

加多宝在 2012 年 7 月后的红罐和瓶装外包装上，不但印有"加多宝独家使用王泽邦传承配方"的字样，还印有"国家级非物质文化遗产代表作"。

而王老吉的外包装上则印有"正宗凉茶，独家秘方"的字样。

现在，问题来了，到底谁传承了王泽邦的正宗配方？

凉茶作为一种物质，是不能算"非物质"文化遗产的。只有凉茶的配方才能算是非物质文化遗产。

早在 2006 年的时候，王老吉就入选了首批国家非物质文化遗产名单。彼时，加多宝和广药是作为一个整体对外的。

也就是说，它们一起拿出配方，去申报了国家非物质文化遗产。

如果红罐加多宝所谓的"国家级非物质文化遗产代表作"不是虚构，那么它使用的应该也是这个申遗配方。

现在的广药王老吉凉茶，也声称自己的凉茶独家享有"国家级非物质文化遗产"的荣誉，就是说广药王老吉凉茶，也是用的上述配方。

至此，到底谁才是正宗配方，你是否已经了然？

第5章

终端生猛——拦截比定位更重要

生动化，就是在销售点对我们的产品、广告品、市场设备和冷饮设备的陈列与管理所做的一切工作。

——可口可乐公司管理手册

饮料市场的竞争总是先从渠道的争夺开始，再到品牌的竞争。渠道战本来是行业发展的一个很正常的现象，国内外市场都会面临渠道战。

——李春林（加多宝营销总经理）

陈鸿道善于借鉴各种外部智慧，也喜欢借用高大上的理论包装自己，有时又完全不拘一格，不按照章法去打。这就让人怀疑他是否真的读过任何一部管理学书籍。

拦截，比定位更强悍

你家门口 200 米的地方有家麦当劳，偶尔，你会去那里买包薯条。

有一天，你又想吃薯条了。你出门却发现麦当劳已经搬了，搬到了 500 米外的街角。原来的店由肯德基接盘了。你会进去买肯德基的薯条吗？

为什么不呢，两家的薯条有什么不同吗？谁方便就买谁的嘛！

所以，做餐饮生意成功的三项基本原则是：地段、地段、地段。

加多宝成功的三项基本原则是：终端、终端、终端。

加多宝的核心竞争力，来自于对近百万个销售终端的控制，和一份份签下来的终端销售排他性协议。

加多宝对销售终端的管理，可以用一个广东词汇来形容，就是"生猛"。生，指代终端展示的生动化。猛，指终端员工的"拦截技术"。

就像导弹，比定位技术更牛的，是拦截技术。在产品同质化的情况下，

"终端拦截"才是王牌。

终端拦截，就是整合终端所有的广告、促销、产品、渠道等资源，来影响顾客选购意向的手段和方式。

在行业内，加多宝的终端拦截可谓做到了极致。也就是说，通过销售心理学和销售技巧，从竞争对手那里抢顾客，并影响顾客成交的手段。

长期以来，加多宝在渠道和终端上都是签署排他性协议，同时给渠道和终端较多的费用补贴。在加多宝已经覆盖的核心渠道及终端，通过渠道压货和买断终端等手段对竞争对手进行拦截，其他品牌很难再进去。

终端拦截的另一个重要方面，就是终端展示的生动化，也就是如何让自己的产品"抢眼"。可口可乐公司将产品、广告品、市场设备和冷饮设备的陈列与管理所做的一切工作，称之为"生动化"，加多宝借用了可口可乐的这一概念。

在饮料品牌众多的情况下，消费者凭什么仍然选购你的产品？这不仅要靠产品自身的质量，更要靠形象的生动化，尤其是终端形象展示的生动化。

生动化是加多宝公司季度奖励的重要考核指标。由专门独立于市场部和销售部的督导人员对整个市场进行监管，对不按要求布置的经销商和网点负责人进行处罚。

没有终端，品牌才会"空心化"

地段甚至比商誉更重要。可以打赌，麦当劳、肯德基这种企业，就算再来十次丑闻，仍然会保持竞争优势。就算丢了商标，仍然会顾客盈门。

饮料行业的终端，就相当于餐饮行业的"地段"。你能控制终端，就能随时抢占消费者的心智。

加多宝失去了商标，虽然短期内销量会受到一定影响，但只要稳住销售队伍和渠道伙伴，新品牌以及销量很快都会满血复活。

像麦当劳、肯德基这种快餐巨头，从诞生那天起，食品安全的丑闻一直就没有断过。

仅在中国，苏丹红事件、速生白羽鸡事件、央视315曝光等一系列负面新闻不断，但不出几日，顾客依然排队购买。

并不是它们危机公关做得多好，也不是消费者"记吃不记打"，而是同一地段，同一价位，同一质量水准的快餐，除了它们，别无选择啊！

麦当劳在中国一线城市推出"十五元特价套餐"的时候，同样地段的中式快餐厅敢接招吗？不说物料成本、人工成本、管理成本，仅房租成本就足以吓退对手了吧。

很多商业理论，不是倒果为因，就是避重就轻。比如，分析起麦当劳的成功之道，一些教科书必谈什么大大的黄色M字Logo，什么标准化的作业啊，甚至麦当劳吸管的设计……

这些是有用，但都不是关键。

麦当劳核心竞争力，不是产品质量、不是视觉识别系统、更不是企业定位，而在于对地段的控制。

麦当劳公司的收入主要来源于房地产营运收入、从加盟店收取的服务费和直营店的盈余三部分。

麦当劳另设有一家专门的房地产公司，由于自身信用级别高，所以从银行贷款很容易。

麦当劳房地产公司找到合适的开店地址（黄金地段或潜在的黄金地段）后，就会购进房屋或长期承租，然后将店面出租给各加盟店，赚取其中的利差。

类似麦当劳这种公司，几乎一劳永逸地实现了对黄金地段的控制。就算它有一天失去了商标，改了个莫名其妙的名字，一夜之后，大家会自动在"心智"上忘掉麦当劳，记住这个新名字。

广药在短期内可以利用王老吉的品牌影响力迅速建立自己的渠道，但如果终端建设不给力，仅仅借用一些大经销商"诸侯"的渠道，品牌优势逐渐会被终端优势击败。没有销量，再著名的品牌也终将沦为一个有价无市的Logo。所谓的"品牌即品类""抢占心智"，终究是"毛"，需要附着在终端这张"皮"上，在失去终端的支持后会变得不堪一击。

拦截终端，就是抢占心智

加多宝最擅长的是"人海拦截战术"，在销售上挤竞品，在陈列上逼竞品，在生动化上堵竞品。这种手段又土、又笨，却非常有效。

> 下班了，去买瓶和其正，老板找了半天，硬是没找到，估计是卖完了。
> 老板飙出一句天下人都不信的话："和其正改名加多宝了！"
> 最后我就拿着加多宝喝着走了……

这则网友吐槽的段子，却道出了一个朴素道理，谁拦截了终端，谁就控制了心智。所谓的"抢注顾客心智"在这种土办法面前简直不堪一击。

加多宝是一种自下而上的、草根式的野蛮生长。

定位理论是一种自上而下的、精英式的完美设想。定位的流行，离不开学者们的自负与投机。

哈佛商学院的迈克尔·波特教授将定位这个概念引入自己的著作，无疑起到了推波助澜的作用，特劳特也颇以此为傲。定位这种先验的设计思路，可以将战略制定者抬高到一个全知全能的高度，有利于咨询生意。但战略大师迈克尔·波特创办的咨询公司却破产了，还有比这更讽刺的事吗？

加多宝可以随时丢掉定位，但永远不会松手的是终端。因为这才是它的核心竞争力所在。但宣扬定位可以迷惑对手，也可以淡化低端员工的重要性。

当商标之争已无悬念，加多宝所做的第一件事就是为终端员工涨工资。

以 2012 年 4 月广东分公司为例，给所有业务员基本工资每月涨 200元，绩效奖金基数每月涨 100 元，摩托车油费每月涨 150 元。这种涨薪幅度，推广到全国，已超过了 6000 万元，超出了当年投放《中国好声音》的预算。

此后，加多宝又多次对这些一线员工又采取了涨薪、涨福利的措施。要知道，在加多宝公司，这些员工属于收入最低的一档。

得终端者得天下

得人心者得天下，这是伟大的孟子说的。然而，"五帝三皇神圣事，骗了无涯过客。"真实的情况往往是"天子宁有种乎？兵强马壮者得也！"得天下者更容易得人心。

日尔曼人灭罗马，阿拉伯人征服波斯，奥斯曼人灭拜占庭……历史上野蛮民族对先进文明的征服，哪讲什么得不得人心。这叫"流氓会武术，谁也拦不住"。

由于"马上治天下"成本极高，蛮族征服者会迅速吸取先进文明的优点，并结合自身尚武的传统，穷屌丝摇身一变成为高富帅。这个时候，他们会采取一些措施收买人心。这叫先得天下，再得人心。蛮族征服者最乐见别人说他们是"得人心者得天下"，加之先进文明的统治者确实曾经腐朽颓废，于是，"得人心者得天下"就变得似乎有道理了。这叫"流氓不可怕，就怕流氓学文化"。

定位理论讲究占领心智，是一种商业上的"得心术"。"得人心"固然重要，比得人心更重要的是对终端的控制。

可口可乐的传奇老板伍德拉夫不爱读书，他有几个死党赌咒发誓说，这哥们儿从来都没有看完过一本书。伍德拉夫还有一个怪癖，解决阅读任何超过一页的信件。

经营需要一种天生的商业洞察力。读太多的商业理论，反而容易套上太多条条框框，有害于这种洞察力。

如果陈鸿道研读过《定位》，相信定位，他绝对不敢将租来的品牌打造成一个品类领导者。

加多宝的崛起，无关定位。恰恰相反，它破除了人们对包括定位在内的商业教条的执念。——既然王老吉曾经被打造成品类领导者，为什么还会被加多宝超越？

货卖堆山，终端拦截

传统生意经里有"货卖堆山"的说法，这也是生动化的第一准则。

所谓货卖堆山，字面上的意思就是形容商家的货物像小山一样地堆在那里出售。让顾客大老远地就能看到他的如山货品。

在这方面，加多宝从来不会屈居人后，首先抢占比同行更有利的地形，展开促销。在时间上提前着手预备节日展示，提前两个月签订长期堆头协议，以避免到时堆头位置紧张，费用高昂。假如对手在某个超市有一个堆头，加多宝除了要有一个堆头外，还要另外设置几个端架陈列。

从消费者行为学来分析，商品的丰富、生动陈列，会招徕、吸引顾客，卖场的"堆头"越大，说明这种商品的备货越足，顾客对这种商品的信心也就越大，认为畅销商品才会摆这么大堆头，就会有这种货物值得信赖的心理感受。

饮料、食品是冲动消费发生率最高的行业，冲动消费在这里占到70%左右。而经常发生冲动性消费的场所主要在餐厅、便利店、加油站、网吧这些销售终端。好的终端生动化展示，能够让产品在终端"自我销售"。

从产品的陈列面来讲，据调查，在陈列面只有1个的时候，虚拟销量为100罐，而增加到2个面时，销量可以增加23%，3个面增加40%，4个面增加54%，5个面增加61%……

终端生动化对饮料销量的贡献是最直接的，终端的一个堆头和一排冰柜的陈列，其针对目标消费者的精确度几乎是100%。终端拦截既提醒了读者，而且还是重要的广告宣传。

加多宝不惜重金在超市搞的"堆头"，就是一种终端拦截的基本方式。加多宝还多次举办全国终端形象创新大赛，征集优秀的终端陈列案例，向全国推广。加多宝对经销商也都有终端拦截的考核。

如在家乐福等KA渠道，陈列主要集中于人流较多的主副通道交汇处、主通道饮料品类旁和高人流量主通道，还有扶梯出入口、收银台出口。在这些卖场里，为了保证加多宝产品的新鲜度，加多宝保证在现代卖场里的产品生产日期一定是最新的。当地经销商接到新货后，会及时把卖场里的旧货转到别的销售终端，这样就会给消费者一种加多宝产品畅销、新鲜的认识。单支加多宝零售价永远保持 3.50 元，严禁降价促销，搞特价促销的只能是 6 联包或 12 联包。

而小店、餐馆和特通等通路，则相对比较灵活，形式和花样就更多了。加多宝的终端业务员，日常有一项工作就是商品陈列。在促销的时节，他们甚至将加多宝凉茶的堆头做进一些餐厅。顾客一踏进餐馆，"加多宝"就能跃入顾客的视野。此外，海报、吊旗、条幅等POP广告，都是加多宝实现终端拦截的常用工具。

终端即广告

终端的意义不仅在于销售，它同时具有形象展示的功能。并不是只有制作高大上的广告宣传片才能提升企业形象、产品形象，终端布控也是非常关键的环节。

乔布斯对终端非常执着，以至于他坚持要为苹果产品开设专门的体验店。

你去一家餐馆吃饭，往往会发现加多宝的凉茶摆在冰柜的最显眼位置，甚至可口可乐的产品也要为加多宝让一让位置。这种摆放，本身就是提升产品形象的一种手段。

销售终端具有地理位置优越、客流量密集的特点，因此它兼具一种广告效应。

加多宝对终端生动化建设方面非常重视，将终端销售点转化为现场广告，是加多宝终端建设的主要特点。

加多宝在公司内部经常举办终端形象布建创新大赛，鼓励卖场人员完善卖场形象，吸引消费者眼球。加多宝为五大通路（KA、批发、小店、餐饮和特通）都制定了适合各自特点的生动化策略。

比如路边小店，加多宝也不放过。规定业务员每人每天要张贴30张以上终端海报。加多宝的POP广告不局限于海报，还有店头的展示物，如吊牌、冰箱贴、纸货架、展示架、纸堆头、大招牌、实物模型、旗帜等，全面占领终端网点。无论你是走到海南的天涯海角，还是黑龙江的漠河，所有的路边小店都是加多宝的宣传广告。

以商场、超市连锁等为主的现代渠道，具有客流量大且集中的特点，广告效应也最为显著。加多宝的业务员都事先受过培训，并且人人都有一本终端管理手册，如陈列位置、角度等都有图例和说明。加多宝对货品和广告陈列的黄金位置、高度、排列组合原则都有简明扼要的规定。一句话总结是：保证"加多宝"这三个字优先进入顾客视野。

在餐饮终端，投入广宣物料搞宣传，把这些消费终端场所也变成了广告宣传的重要战场，全面做好生动化工作，餐桌要有加多宝Logo的椅套、餐巾纸、牙签筒等。门口要有展示架、墙上有广告牌、包房有围裙等。空中要有吊旗，有电子显示屏，有红灯笼。

加多宝的业务员、导购员协助各类经销商覆盖的终端，进行终端生动化的贴身管理与服务。加多宝深谙广告的真义，将销售终端作为自己的广告终端，这一点与可口可乐极为相似。

1911年，艾萨·坎得勒投入了100多万元资金（这在当时是一笔巨款）雇请了一批巡回广告牌画家，为可口可乐的销售点画招牌画，来传播可口可乐独一无二的标志，红底白字，几乎布满了每一面美国空墙，覆盖面积达500万平方英尺。

POP广告有一种即兴促销的作用，它的形式有户外招牌、展板、橱窗海报、店内台牌、价目表、吊旗，甚至是立体卡通模型等，其表现形式夸张怪诞，冲击力强，能有效地吸引顾客的眼球，唤起购买欲，它是一种性价比极高的广告形式。

1913 年，可口可乐公司派发了带有明显可口可乐商标的 100 多万件新奇小物品，它们都是常见的生活用品——温度计、日历、吸墨纸、棒球卡、日本电扇以及标牌等。这种林立的 POP 广告可以刺激引导消费和活跃卖场气氛。

当时，可口可乐的一位推销员报告说，某位新顾客"被泛滥的可口可乐商标包围，好像变傻了似的，不停地做噩梦：大白鬼和红色壁炉架一起猛追他，尖叫着'可口可乐！可口可乐！'"

如今，即使可口可乐公司花 40 亿美元的宣传费使产品销往全球，消费者们也不会惊诧不已了。

客情维护，攻心为上

加多宝在经营上有高手坐镇，其终端拦截不仅有其刚猛的一面，也有柔软的一面。

客情，顾名思义，就是与客户的感情。2003 年，加多宝攻打浙北市场时，陈鸿道就提出了"攻心为上"的策略，为此，加多宝设立了专门的客情维护专员，经常主动联络各地客户，询问产品库存、销售情况之外，更有嘘寒问暖，节日慰问。

有时候，销售的功夫全在商场之外。社会关系是由人情构成的，所谓"衣不如新人不如故"，客情经过时间的累积也会成为一种难以收买的优势。

加多宝失去王老吉商标后，客情维护的威力就发挥出来了，很多渠道伙伴给予友情支持，提前订了大批货。也就是说，即使广药拿到"王老吉"品牌后，就算产能很充分，但渠道的货是满的，你也压不进去多少货。

对于商场、超市等关键渠道，加多宝会统一支付入场费和陈列费。但对于小店和餐馆终端，加多宝公司基本不给业务员陈列费用，业务员只能自己想办法开发、维护"客情"，搞定小店和餐厅店主。

客情维护，可以说是一种销售潜规则，就是一种在公司明文规定的销售规定之外，充分调动所能争取的客户资源，动用个人魅力与客户建立情感上联系的行为。

客情维护还是一种难以量化考核的东西。有些业务员可能懒了点，但擅长和客户搞好关系，见面时称兄道弟，有时还能和客户喝二两，同样能做出不错的成绩。

客情维护，是终端建设最难的工作，它是个很有技术含量的"细活"，需要时间的累积。业务员重复拜访，才能与客户建立感情。曾经有个加多宝的业务人员，精湛的客情维护常常使得小卖铺的大妈要为其介绍对象。客情建立之后，其作用可想而知。

销售军团，绝非一日建成

加多宝之所以成功，很大程度上得益于其团队的执行力，这种执行力不是天上掉下来的，也不是喊口号喊出来的，而是经过多年磨合出来的。

在平面媒体的信息到达率较差的二三线城市，所有的工作都是靠销售人员的脚和口来完成的。

陈鸿道当年以低工资招聘到的那支业务员队伍，如今已经发展壮大。就像当年坎德勒招募的那些可口可乐"旅行推销员"一样，这些"业务员"

的足迹遍布大江南北，将产品铺到了全国各地的角落。

他们属于最基层的社会群体，干着类似快递、送奶工一样的工作，琐碎、奔波，然而正是这些最平凡踏实的业务员，才是加多宝商业奇迹最重要的力量。今天，加多宝销售员加起来的数字已经达到一万，成为了一支名副其实的销售"铁军"。

加多宝的核心竞争力，就藏在一家家小店、超市、餐饮店中。加多宝是本土饮料渠道覆盖率最高的产品之一。根据加多宝方面提供的数据，其在县镇以上市场的终端覆盖率可以达到90%，这背后需要庞大的分销系统、销售服务人员，而且需要产能布局、供应链、物流系统做支撑。这张终端销售网络，非一朝一夕之功可建成，这是加多宝花了17年辛苦织成的。

血汗、泪水、口水，这是智巧所不能取代的，这也是加多宝终端执行力的真相，是人们不太愿意去谈的。

中国饮料企业终端掌控做得最好的，就是可口可乐、康师傅、娃哈哈、加多宝。无法在终端掌控力上达到或接近这个梯队的企业，就不要空谈什么定位了。

定位"阳谋"

阳爱星，加多宝的执行总裁，多年前他说："在顾客心智中建立认知优势是企业唯一可靠、长期的竞争优势，心智地位决定市场地位，心智份额决定市场份额，这就是定位告诉我们的最宝贵财富。"

下次见到阳先生，请替我问问他：王老吉曾经"在顾客心智中建立了唯一可靠、长期的竞争优势"。现在，王老吉商标被广药收回了，加多宝还有机会超越王老吉吗？

也许，这只是一种加多宝迷惑对手的谋略。大佬们到处宣讲的成功秘诀，都是隐藏了各种前提条件的。"学我者生，似我者死。"不分青红皂白，上来就谈定位，那只是一种障眼法。

也许，加多宝的高层是真心信了定位，所以才不惜与广药力夺"王老吉"商标，最后连老板也惹来官非，被迫跑路。等到加多宝逆袭成功了，才恍然大悟，原来定位这玩意儿既不"唯一"，也不"可靠"啊。

关于定位对于加多宝是否真的那么重要，加多宝内部口径并不统一。

加多宝营销总经理李春林曾经说过："加多宝的成功并没有什么秘诀，只是因为公司的执行力比其他企业更强。"还有一位名叫区宗恺的加多宝元老说："加多宝的成功，不只靠巨额的广告投放，不只是品牌定位，更不只是渠道做得好。"

从前有一个培训师，他说："要成为一个销售精英，你就得买一辆宝马。"他列举了很多开豪车的销售精英来佐证他的观点。比如张三开了奔驰、李四开了宝马……他还认为开豪车可以给推销员带来一种强大气场，能够促进成交。他进一步引申："其实老板就是开着宝马的超级推销员。"

显然，这是一种倒果为因、掺杂着真理的谬论。但这种谬论往往更有市场，更能流行，因为它善于迎合人的智力偷懒本能。甚至，有的人明知它是谬论，也要吹捧它，因为他正好可以用这个理论劝说他爹让他先买辆宝马玩玩。

定位理论之所以能够流行，还有一个重要原因是它植入了一种公关功能——我们的生意做得好，关键在于产品定位好，它能最大化地满足某种客户价值。这正是企业领导人非常乐意拿到台面上大谈特谈的。这就会造成一种定位理论备受企业家推崇的感觉。

乔治·路易斯是和特劳特同时代的营销人，在美国广告界享有盛誉。

他写过一本畅销书叫《蔚蓝诡计》，其中一章标题为"定位是屁"，他揶揄说：定位就像"上厕所前先要把拉链拉开一样"自然……

其实，定位是一种很好的市场分析工具。定位理论也极其简单，用半页A4纸足以彻底说清楚。但真理不在于文字的多少，你写十本书，也可能只是翻来覆去那几句车轱辘话。

中医用药讲究"君臣佐使"，管理也有八万四千法门，各种理论都有一定的道理。但在不同的情景下还是应该有所取舍的。

并不是所有的品牌一"定"就灵。定位也是一味药，不能乱用。

就好比芒硝，也可以治病，但不是啥病都能治啊。如果有个医生，不管什么病，都给抓二两芒硝，这样的医生当然是庸医。

"反定位"者的胜利

产品自身也有广告效应。

在渠道在握、精心规划的前提下，品牌延伸不仅不会"稀释"品牌，反而会使品牌产生一种"乘方效应"，给顾客一种更值得信赖的"大厂家、大品牌"的感受。

不必彻底否定定位，定位是个很靠谱的营销工具。尤其在红海市场，一个好的定位能帮助小品牌脱颖而出。

定位的本质是"做减法"，武林称雄，挥刀自宫。若不自宫？也能成功。定位好比"葵花宝典"，非要割舍一些东西才能练成。但武林中还有一种"小无相功"，可以学什么像什么。你说腾讯有定位吗？有的话能成其大？

在央视某期《对话》栏目中，杰克·特劳特建议格兰仕这个品牌专注做微波炉，在人的心智中植入微波炉等于格兰仕这个定位。

当时的格兰仕老总俞尧昌给了这位"外来和尚"不留情面的驳斥："我不太同意这个观点,为什么呢?我可以举出一大堆全世界成功的多元化企业,比如西门子也进军了医疗器材等领域,GE还去生产了飞机发动机。索尼起家的时候生产的是随身听,但现在它的产品线是很长的,如果按照这个定位理论,它只能在随身听领域发展。事实上格兰仕对空调行业是充满信心的。全世界一些优秀的家电商基本都用一块品牌运营,西门子、三星、LG、松下,等等,都是用一块牌子。如果是多品牌运作,企业整个经营成本、品牌的运营成本是不低的。"

按照特劳特先生的理论,康师傅这个牌子最好只做方便面。可是,康师傅这个商标不但做方便面,还做饮茶、酸梅汤、包装水、糕饼甚至餐馆。样样卖得都很好,甚至在不断爆出质量问题的情况下,仍然销量惊人。以至于康师傅把百事可乐中国公司都给收购了。

原因无他,得终端者得天下。康师傅在中国直接掌控着100多万个零售终端,拥有超过70000家直营零售店,超过6000家经销商,700多个营业所。

百事可乐与可口可乐在中国市场的胜负,至少十几年前已经定下了。

那时,百事中国的策略是:品牌第一。

而可口可乐的策略是:我已经是第一品牌,做好维护即可,要集中资源在终端发力。

那时,仅就广告啊、定位啊这些以传播为中心的东西来讲,百事确实是赢了。因为百事可乐定位更年轻化,使得它看上去更有赢在未来的希望,百事的巨星系列广告也让可口可乐黯然失色。在中国,百事可乐成为了年轻人最喜爱的品牌。

可口可乐则下起了笨功夫,则在终端建设上默默耕耘。那个时候,在西安等很多中心城市，可口可乐的终端业务员甚至是百事可乐的五倍。

可口可乐对终端的小店、餐厅什么的又送招牌，又送冰箱，同时还不惜成本地签订排他性协议。这个时候，可口可乐甚至把盈利都放在了第二位。

几年后，等百事可乐醒过来，要抢终端的时候，已经晚了。早在2004年，百事可乐如果想再控制一家普通的小店终端，就要花费8000元左右的成本。那个时候的8000元可以在一线城市买两平方米的房子了。

百事可乐赢了品牌、赢了定位、赢了广告，却丢掉了终端，彻底失去了翻身机会。可口可乐完成了终端布控，就开始涨价，利润自然滚滚而来。

百事可乐后来为什么要向康师傅投怀送抱呢？因为康师傅终端强大啊！下嫁给康师傅，至少还可以借用康师傅终端免费的冰柜什么的。

反观加多宝，定位运用并不成功，但有渠道和终端优势，活得不是很好吗？

陈鸿道手里有一个"昆仑山"商标，是定位专做中高端矿泉水的。多年来营销、运输成本居高不下，如果没有加多宝凉茶的终端优势，很难存活。之所以经营惨淡，是因为其中高端的定位与加多宝的终端销售网络存在一定的冲突。比如，昆仑山矿泉水在很多小店、小餐馆很难有目标消费者。而恒大集团的恒大冰泉，虽然被不断唱衰，但只要能建立精准强大的渠道，活得肯定不会比昆仑山差。

有一天，你突然发现市面上有售加多宝牌果汁、汽水、纯净水、啤酒、方便面、火腿肠、八宝粥……请勿惊讶，指东打西、且行且修正，是商战中的惯用策略。

第*6*章

唯快不破——终端比通路更重要

确保优势地位的唯一方法，是让我们的产品无所不在。

——道格拉斯·艾弗斯特（可口可乐前CEO）

加多宝的成功并没有什么秘诀，只是因为公司的执行力比其他企业更强。

——李春林（加多宝营销总经理）

快消品的玄机在于一个"快"字，汽车可以等，手机可以等，唯有饮料不能等。人有三急嘛！所以对于快消品行业来讲，终端比通路更重要。陈鸿道早年曾在东莞的宏远批发市场从事饮料批发生意，这种经历让他深刻认识到渠道的利与弊。

　　在陈鸿道创业初期，很多渠道经销商对他的产品不屑一顾，这也迫使他下定决心打造自己的终端"销售员"队伍。

　　陈鸿道的创新，就是不创新，就是多干笨活儿，反正有的是低端劳动力。在别人用巧力的地方，加多宝下笨功夫。

　　渠道有两种，一种是大经销商制，把产品交给别人去铺货，特省事儿。还有一种就是加多宝那种，直控终端＋深度分销＋邮差配送。

　　加多宝起家于终端，命门也在终端，所以把主要精力放在终端的建设、管理和维护上，但是这不代表它可以忽视渠道。相反，渠道始终是一座不可逾越的桥梁。永远是非常关键的一个竞争要素，渠道的宽与窄、多与少、覆盖面如何直接关系到企业的市场份额。在渠道建设和管理上，加多宝也做了很多创新。加多宝对渠道终端的控制，对渠道的平衡，已经是业内公认可供借鉴的策略。

以终端为导向，以渠道为桥梁

对加多宝来说，以终端为导向，以渠道为桥梁，是一种基本的管理思路。

这一开始是迫不得已的选择，后来才发现，这却帮公司走上了一条康庄大道。

厂商能够利用大经销商的销售渠道、资金、流通设施及人力开拓市场，固然是好事。但经销商作为市场的逐利者，首先要保证自己不受损失，进而还会追求自身利益的最大化。

发明一款好饮料，起上一个的名字，请个明星做广告，招徕一群经销商，替自己铺开产品，打开销路……

这是理想的商业模式。所以，"做市场先做渠道""渠道为王"等理念也深入人心。

在食品饮料行业，不论国际品牌，如可口可乐、百事可乐、奥利奥，还是国内品牌，如娃哈哈等，都是依靠经销商精耕细作这种模式。

然而，店大欺客，客大欺店。仅靠传统模式就能经营下去的厂家，必定拥有能够制约经销商的筹码。经销商也甘受厂家驱策。

然而，也有一种情况是，客大欺店。过分依靠经销商，破产了的企业也不少。

那些拥有渠道的大经销商，就好比拥兵自重的诸侯，首先考虑的是自身利益的最大化，在厂商与经销商合作的背后，是富有对抗性的博弈。经销商总认为厂商的优惠条件如同海绵里的水，要挤总能挤出来。至于厂家的死活，呵呵……

不少饮料厂商，在创业之初，资源有限，懒得（也无力）去费力、劳神地开拓市场和管理终端。

一开始是省力了，可后来就麻烦了。因而对于市场的控制权几乎全部被大经销商所掌握。

随着同类产品厂商竞争的进一步加剧，大经销商的地位越来越重要。厂商和经销商之间的角色开始变化，实力不够的厂商，不得不仰经销商之鼻息。

厂家过分依赖经销商，就会反过来被经销商忽悠、盘剥、敲诈，严重点的甚至倾家荡产……比如，有的经销商为了拿到更低的折扣，更高的返点，会以种种消极手段推广你的产品，你若答应，牺牲的是利润，你不答应，毁掉的是市场。

深度分销，"邮差"配送

加多宝的渠道"管理经"中，有一个奇怪的概念叫"邮差"。

所谓"邮差"，就是旧时对邮递员的称呼，香港人至今用邮差称呼邮递员，被加多宝借来定义那些有运输能力的分销商。

红罐王老吉生产出来之后，陈鸿道把销售渠道目标盯住了餐饮终端，但资金依然捉襟见肘，他遇到了物流上的困难。

这个时候，有个交情不错的朋友表示愿意提供帮忙，愿借几辆小型货车给加多宝用。陈鸿道并没有让朋友白白帮忙，而是约定一起分享利润。但这却给了他一个启示，通过利益均沾，来实现深度协销。只要为加多宝提供货车和司机帮助分销，就能按照销售比例分红。

邮差，正是在当年餐饮终端供货的基础上发展而来的。加多宝的红罐王老吉在 2004 年后的销量爆发，就是因为邮差经销商模式，即经销商的配送化，订单由加多宝深度分销团队完成。这其实是陈鸿道"掌控核心，外围借力"的策略。

几年后，加多宝的实力已经壮大。渠道也开始迅速进化为 KA 现代（即：Key Account 重要客户渠道）、批发、小店、餐饮和特通五大部分。但"邮差"这个法宝一直没有丢。

加多宝公司对邮差极为倚重，加多宝之所以给人一种无处不在的感觉，正有赖于这些"邮差"的存在。邮差已经成为加多宝赖以生存和发展的重要基石。按职能分，加多宝旗下有餐饮邮差、的士邮差和批发邮差，按照地域划分，加多宝旗下有：中心城市邮差，县市邮差，还有乡镇邮差。

正是这些邮差，让加多宝可以建立自己的物流"毛细血管"。而建立这种物流网络，加多宝不必投入巨大资金，它所要做的，就是与邮差分享利润。当年在攻打北京市场这个桥头堡时，邮差就立下了汗马功劳。

邮差的"送货上门"能力，是加多宝能够直控终端的关键，也就是直接将货送到餐厅、旅馆、网吧等地方的能力。邮差也会服务于 KA 现代和特通等新设渠道，前者服务于大超市和商行，后者则供应学校、网吧、车站、宾馆、KTV 等通路。原来供应杂货铺、小卖部、餐馆和批发市场的邮差也一直活跃。

邮差这种"协销"模式，是加多宝攻城略地的关键。在不需过多前期投资的情况下，加多宝通过利益均沾的形式，实现了与邮差商协同作战，借助外部社会资源互补，壮大了自己的实力。又以排他性的协议，使这支邮差队伍只能为我所用。

全国一盘棋

当年三株口服液的老板吴炳新曾有豪言："除了邮政网，在国内还不知道有哪一张网比我的销售网更大。"人海战术，是快消品占领中国市场的不二法门。

加多宝通过招募大量的业务员，施展人海战术，进行地毯式的终端建设，实现了市场份额的极速裂变。加多宝公司要求，驻地业务人员每人每天要拜访 35—40 家终端销售点。每人每天要开发 3 家新客户。

理想状态下，1 万个业务员去做，一年可以开拓 1000 万家新客户。就算实际效果打折扣，加多宝进入"百万终端俱乐部"只是迟早的事。以至到 2012 年被迫切换品牌时，加多宝在全国范围内已无空白市场，真正实现了全国覆盖。如何管理这个庞大的销售军团？

加多宝拥有一支扁平化的销售队伍，5 大销售分公司下辖约 50 个销售大区，大区下又有办事处 500 多个，每个办事处基本就只有一个经销商。总共是上万人的销售队伍。

尽管现在加多宝的经销商数量多达上千个，但实际上每个办事处只需跟上级大区经理对接，大区经理再向销售公司总经理对接，这种扁平化的构架大大提高了沟通效率，保障了加多宝的极速扩张。

这些办事处的设置并不是按照区域的划分而简单拟定的。"加多宝会根据当地区域的市场需求给我们确定地盘，一旦地盘确立后，经销商就不可以跨区到别人的地盘做生意。"

在每个大区，又有特大城市、省会与沿海发达城市、地级市、县镇、乡村共 5 个级别。每个城市只有一个总经销商，总经销商下面再发展多家

"邮差"。

加多宝把有专业配送能力的分销商称为邮差商，如士多邮差、批发邮差、餐饮邮差、夜场邮差、特通邮差、商超邮差、综合邮差等。这样的营销模式有利于市场的管理，也能很好地控制整个价格体系，犹如娃哈哈的联销体——利润在各个分销环节的合理分配。

加多宝这种搭建经销网络的方式，与公司后来在市场上开发的计划有很大关系。"经销商和供应商的体制围绕市场推进，在市场渠道的布建上，加多宝会有几级的经销体系，经销商、分销、邮差、批发、现代餐饮、传统小店等几大渠道，这个网络的搭建其实跟加多宝整个市场的推进，对全国部署策略有至关重要的关系。

KA终端，公司直控

亲近"小而好"的经销商，远离"大而坏"的经销商，这是加多宝的一条基本策略，也是加多宝经销体系多年来得以高效运行的关键。

在很多地方的市场，由于销售费用过高和建设周期过长等困难，加多宝需要通过在当地的各种经销商和代理商的销售渠道来实现其产品销售。加多宝公司对经销商管理的理念是一定要实现双赢，既要管理他们，也要关注他们的利润，一起把生意做大，要让他们在行业里面赚到有竞争力的毛利。

大型经销商往往很难制约，为向厂商索取最大优惠，他们会故意制造各种障碍。而小型经销商虽然比较容易管理，却往往经济实力有限，在推广方面加多宝公司要补贴他们。

现有的游戏规则是，经销商在向上游厂家购进商品后，会承担一定的销售风险，比如KA（Key Account）卖场这种终端就很难对付。

KA主要指"重点客户"，对于企业来说相关的KA说法很多，比如KA卖场、KA终端等，基本上都是指对于企业发展起到至关重要作用的营业面积大、客流量大和发展潜力大的门店。

渠道与KA终端之间的利益矛盾就表现得非常明显和尖锐。比如，一些终端的恶性压价和收取各种名目繁多的费用，这让经销商感到压力巨大。

终端一方面要依靠"薄利多销"来吸引消费者和同业进行竞争，另一方面这样做的后果使利润变得越来越薄。大卖场的对策就是挤压上游供货商，向供货商收取各种费用就成了增加收入的一种没有成本的手法，甚至逐步演变成终端的"行规"。

加多宝一般是采取公司直接拨款，入驻KA卖场的形式。因为这个时候，厂商与经销商的利益是一致的。

KA终端，如沃尔玛、家乐福等，其巨额的销量和良好的付款保证等条件又有着让人无法拒绝的诱惑。

加多宝一般是让经销商回避，亲自运营这类业务。家乐福这种超级终端，是加多宝KA现代渠道的重要客户，是隶属于各销售公司的现代渠道。为了维护超级终端，加多宝还设立了一个全国KA系统渠道事业部，来协调共同维护KA终端。

终端跟踪，避免"啤酒博弈"

1990年，彼得·圣吉所著的《第五项修炼》出版了，该书出版不久，即在全球范围内引起轰动，并于1992年荣获世界企业管理协会最高荣誉奖——开拓奖，作者本人也被冠以"管理学宗师"的称号。

《第五项修炼》中有一个著名的"啤酒博弈"（beer game）：一家厂商推出新款啤酒，在市场上非常受欢迎，不断脱销，于是各个终端的零售点就争相向批发商要货，但批发商也缺货，于是要 10 箱的就给 5 箱应付，但很快零售商主们发现了这个秘密，于是要 10 箱就夸大说要 20 箱，以此来满足自己的需要。最终这些订货量汇总到生产厂商的时候，数据就失真了，厂商大量生产，但市场逐渐饱和，一旦分销商货源充足，零售商就大减订单，最终产品过剩。

在啤酒博弈中没有什么元凶，没有人该受到责备。在博弈中的三个角色，任何一个人的意图都是无可指责的：好好服务顾客，保持产品顺利地在系统中流通，并避免损失。每一个角色都在以自己的理性猜测可能发生了什么，并做了果决的判断。没有一个人的用意是坏的，虽然如此，危机还是发生了。

销售过程中，需求变异放大现象被称为"啤酒博弈"。它是销售管理中普遍存在的高风险现象。

加多宝公司为克服信息失真，避免"啤酒博弈"，采用办法是派驻"销售员跟踪"制度。受管理制度约束的销售员，会根据客观的市场需求，向经销商或"邮差"调货。

这种以终端为导向，直接控制终端，实时汇总终端数据的管理方式，是加多宝的一大特色。

中国食品饮料行业中，"啤酒博弈"式的失败屡见不鲜。1997 年岁末，中国一家著名的饮料企业（姑且称为子虚公司）迅速地切入了市场较成熟的果冻行业。当时整个果冻行业由南方的一家著名企业（姑且称为乌有公司）控制。其时乌有公司果冻品牌的知名度已经颇高，广告语几乎家喻户晓，产品占据近 90% 的市场份额，其品牌几乎就是果冻这个品类的代名词。

子虚公司切入果冻市场之前，主导产品是乳酸奶和纯净水，其品牌在全国同样在业内举足轻重。从产品结构、销售网络及整体实力来看，子虚公司都要强于乌有公司。乌有公司的情形与加多宝的红罐凉茶极为类似，乌有公司采取的是高定价策略，并形成了行业标准，乌有公司的毛利率甚至高达70%以上。禁不住厚利的诱惑，子虚公司也要分一杯羹。

子虚公司的入市时机选得很巧。1998年春节前，乌有公司的果冻销售特别好，但由于不足，加上春运物流紧张，便在市场上形成了一个月左右的空档。子虚公司抓住时机，采取了一项力度极大的销售政策：针对渠道实施"买二返一"的实物返利。食品行业利润较薄，渠道的返利比例一般都在8%—15%之内。子虚公司"买二返一"相当于33%的折扣！再加上子虚公司的名牌效应，一时间经销商踊跃打款要货，需求强烈。短短一个月，子虚公司的果冻就已遍布全国的销售终端。而通过经销商的提前炒作，货一到就迅速铺满了批发渠道，抢去了乌有公司大量的市场。子虚公司趁机大量投放广告，在短短3个月内销售额达到了3000多万元，大获成功！

在"买二返一"促销策略的驱动下，子虚公司的果冻在整个食品市场引发了一股热潮。大量产品一到货即被批发商一抢而空。很多以前不敢大量进货的分公司，此时一看势头迅猛，纷纷向总部追加要货计划。总部的生产能力顿时吃紧，为了满足市场的需要，总部紧急追加投资购买设备，使果冻的产能达到了10亿元，同时也不断调整销售计划，对前景非常看好。

这种大量要货的状况持续了3个多月，总部虽昼夜不停地生产，但仍无法满足分公司心急火燎的要求，只好按比例削减要货计划。于是，分公司为了能要到所需的计划量，开始虚报计划。这样一来，全国分公司加起来的要货量非常惊人。但令人奇怪的现象是：尽管经销商、批发商都在嚷着缺货，但子虚公司的果冻在零售终端的铺货率却不高。那么货都流到哪里去了呢？

　　慢慢地，市场冷却下来，批发商、经销商都不再吵着要货了，就连以后的要货计划也取消了，因为此时大量的产品哽住了他们出货的"咽喉"。原来，产品都屯在了批发商的仓库里！在利益的驱动下，企业忙着出货，经销商、批发商忙着进货，都在想着赚钱的事，有谁来得及仔细考虑货为什么到不了零售终端呢？而此时的乌有公司，已经有了反击与报复的机会，针对子虚公司的的促销策略，乌有公司推出更加强有力的优惠策略，产品很快铺到零售终端上。而子虚公司终端实际铺货量则逊色很多，大概也就是1:10的比例，大量的产品都压在了批发商手里。另一方面，子虚公司总部的设备投资也完全到位了，以前削减的订货被源源不断地生产出来并按计划发给各分公司。但批发商和经销商已经无法全部接收了。此时，子虚公司才发觉情况不妙。但接着的问题又喷涌而出：经过一番努力，产能问题是解决了，在时间紧急的情况下"品控"问题却没有做好。当这批货被大量屯积，经销商和批发商仓库里的果冻大量出现破裂、胀袋、霉变的情况。由此，子虚公司的果冻供应链危机才真正凸显。

利益捆绑，避免信息失真

　　在每个驻地，加多宝会派遣自己公司的驻地业务员和邮差商做市场。这支终端业务员部队，是加多宝质控终端的保证。加多宝会有专门的业务员主动给经销商打电话，询问产品还剩多少，有没有装卸过程中磕漏罐的，有多少，企业方面都给换。

　　人的本性是逐利的。在这条销售链上，如果利益关系理不顺，就会出现信息失真现象，误导公司决策。

就像"啤酒博弈"，各层级销售商（总经销商、批发商、终端零售商）会本能地追求自身利益的最大化，最终会导致生产无序、库存增加、成本加重、销售渠道阻塞、市场混乱、风险增大。

保证各个渠道、各个层面的合理利润，让他们有信心并能赚到合理的毛利，互惠共赢，是加多宝巩固经销商忠诚度的一贯做法。加多宝每年会给经销商定一个合理的销售任务，比如，省级经销商一般3000万元/年，市级经销商一般300万元/年，

每年的7月，是加多宝的营销季，各大区已经着手规划来年的营销计划。

总经销商给邮差商的批发价为70元/箱，如果完成季度销售任务每箱返利2元，完不成的话每箱返利1元。而邮差商供应终端的价格是每箱72元，终端零售价每罐3.5元。加多宝的经销商完成销售任务后，加上销量返利，总体上能够保证每箱5元左右的利润，而"邮差"一般可获得每箱4元的利润，最终零售终端商的利润大概在每罐0.5—1元钱。可以说，每罐参与者都能获得可观的利润。

在经营中，每个企业都会向其上游订货，一般情况下，销售商并不会来一个订单就向上级供应商订一次货，而是在考虑库存和运输费用的基础上，在一个周期或者汇总到一定数量后再向供应商订货。为了减少订货频率，降低成本和规避断货风险，销售商往往会按照最佳经济规模加量订货。同时，频繁地订货也会增加供应商的工作量和成本，供应商也往往要求销售商在一定数量或一定周期订货，此时销售商为了尽早得到货物或全额得到货物，或者为备不时之需，往往会人为地提高订货量。这样的订货策略往往会导致"啤酒博弈"。

加多宝对流通的各个环节是采用返利的方式给予利润补贴，是一种利

益捆绑，也是一种渠道博弈。渠道上各个环节，就算出于利润最大化的考虑，也不敢虚报信息，否则就拿不到返利。这样做的话就能最大限度地调动经销商的积极性且有利于市场的管理。

加多宝通过利益捆绑，巡视终端，理顺了厂商、经销商、"邮差"之间的利益链条，有效规避了信息失真问题。

适度压货，设置竞争壁垒

加多宝采取"总经销制+邮差商"的渠道管理模式，可以实现渠道的扁平化。

渠道越长，中间环节越多，信息失真的可能性越大，管理的难度和博弈复杂度越大。

通过渠道扁平化，可以简化产品销售的中间环节，保障产品从生产商到消费者间供给系统的高效运作。

渠道扁平化的结果，就是在加多宝的渠道体制中实现总经销制。即一个地区有一个总经销商，往下只发展多个"邮差分销商"或二级经销商。

总经销制的特点是：一个渠道中总共只有两级经销商，压缩了渠道费用，加强了信息与价格控制。

加多宝在每个大区设立一名总的经销商，然后发展具有物流配送能力的经销商和邮差。分区域、分渠道进行覆盖小店、餐饮、特通等终端店，要求签约的邮差商能压 300—500 箱货。

与"啤酒博弈"相反的是，加多宝能主动向每个邮差商压 300—500 箱货。能够做到这一点的关键是，这些货不是赊销。这种压货也是加多宝刺激分销商积极性的一种策略。

更重要的，之所以要向邮差商压货，是因为加多宝要设置一种竞争壁垒。邮差商为了化解自身的压力，就会向终端多铺货。终端有了足量存货后，就不敢接受别的品牌的同质化产品。

这个时候，比如王老吉的推销员来到一家小店，就算给出更优惠的价格，小店也不敢进货，因为一个小店的销量是很稳定的，进货太多只能砸在自己手里。如此，就形成了一种挤出同行的竞争壁垒。

终端巡视，避免"窜货"

加多宝公司将一些窜货、倒货、炒货的批发商称为"窜窜"，足见其对窜货的厌恶。所谓窜货，又叫冲货，直白地说就是捞过界，在不属于自己的市场倾销货物。

在经营中，厂商会根据实际情况，给不同渠道经销商不同的优惠政策和价格折扣，这样，低价拿货的经销商，会忍不住侵蚀高价拿货的经销商的市场。还有一些经销商为了冲量，多拿返利，有时会低价向其他地区低价倾销产品。

为了保证资源能够真正到达终端，加多宝公司还设立了一个独立的监察部直接面向董事会，每个办事处都有监察员，确保促销、兑现等投入市场的资源到达市场，而不是中途被挪作他用。

加多宝公司的监察员，一旦发现经销商恶性窜货，加多宝公司将马上取消他的经销资格。

加多宝公司善于利用程式化协议约束经销商，规避窜货，双方的权利、责任、风险和合作规范等都通过合同加以约束。比如：窜货，也就是跨区域销售，一旦发现按协议约定当月销售奖励将为零。完成协议约定的，如开发客户和陈列等指标，则会有相应的奖励。

监察部对加多宝的管理架构很有帮助，哪里需要人，基本上都配合得了。加多宝对窜货的治理不打折扣，如果发现是销售员主动参与，公司也会马上开除该销售员。

渠道的促销，一般采用搭赠的手段，比如平时搞 40 搭 1，旺季时搞 30 搭 1，先由经销商垫付这部分费用，促销活动结束后核销。加多宝除了日常的销售有返利与费用，还会根据不同的销售情况给予经销商一些梯级的推广费用。对销售有返利与费用，无论是一线大城市还是乡镇市场的小经销商，销售返利与费用都是一样的。针对大城市的额外推广费用，由加多宝公司自己投入。这样的制度设置，可以有效降低经销商窜货的机会。

六驱飞奔，唯快不破

全国酒水终端，约有 600 万个户口数，现饮与非现饮各占一半。加多宝的渠道分现代、批发、小店、餐饮、特通五个渠道，后来还增加了个娱乐渠道。

加多宝占领饮料市场的秘诀是一个"快"字，就是同时快速启动五个渠道，加多宝内部称之为"六驱飞奔"。

加多宝渠道的分销网络建设采用电脑管理，业务人员每月 15 日和 30 日要上报他们所掌控的各个渠道的客户资料，后勤人员负责录入渠道管理系统，及时进行补充更新，渠道管理系统最大的特点是相同的客户资料不能重复录入，可反映出每个业务人员的工作量大小、工作进度，以及某地区的人均产值等。

加多宝人海战术的一个重要内容，就是实现终端陈列的生动化。一言以蔽之，生动化就是使产品在终端实现自我销售！加多宝的终端业务人员，一般文化水平较低，这就需要一种简易化、生动化、可操作性强的指导。

指令简单才能执行有力，正是有了这样简单可执行的终端建设指导原则，才使得加多宝对终端有着惊人的掌控力，在品牌切换时进行得十分顺利，能做到"一夜之间"更换全国所有海报，配合强势宣传打造鲜明的终端形象，甚至让"不明真相"的消费者即使在终端点了旧品牌，端上来的依然会是"加多宝"。

现代渠道

现代渠道肩负销售和展示的双重使命，现代渠道包括KA卖场、连锁超市、便利店以及BC类门店等类型，现代渠道客流量密集，给人的印象是整洁、干净、规范，非常利于树立产品形象。

通常，现代渠道怎样陈列是有统一规定的，厂家业务人员不可以自行随便调整或扩大陈列面。现代渠道的价格标签里面名堂多，它不仅仅标示了价格，而且在价格的下方有一系列数字或符号，这是现代渠道的系类内部密码语言，比如规定每月下几次订单、每周下几次单、货架摆放是几个陈列面、是否畅销，等等，业务员需要与店方维护好客情，才会熟悉这些特殊语言。

现代渠道的生动化陈列，店方会收取一定费用或开出其他条件。这部分费用，一般都由加多宝公司承担。

现代渠道可以用的广宣物料，包括冰箱冰柜、陈列架、挂架、吊旗、店方的DM展示、广告展示牌、包柱、货架顶部包装、地贴、手推车广告，等等；户外的比如太阳伞、桌椅、包装户外售卖厅、包装户外休闲娱乐区、户外大牌广告、橱窗广告，等等。

批发渠道

在相当长的一段时间内，批发渠道仍然是加多宝不可逾越的桥梁。批发渠道的生动化，指的是批发市场的陈列。

批发陈列生动化是要做到影响零售终端，以及部分集中采购的消费者，以整箱销售为主，陈列基本上也是整箱陈列。在搬运及摆放陈列时，比较困难，会借助空箱造型陈列，以及批发商店内的库存进行产品陈列。批发户外的陈列，需要早上搬出，晚上搬入，比较麻烦，陈列需要做的易于搬运。

加多宝的销售人员会使用店招、遮阳棚、太阳伞、空箱造型、海报、围裙、吊旗、玻璃门贴、陈列架等广宣物料来实现生动化。

餐饮渠道

餐饮渠道是加多宝兴起的源头，按照规模，餐饮渠道主要指的是各种类型的餐饮专营店，加多宝会优先关注川菜馆、湘菜馆、火锅店、烧烤店等场所。餐饮渠道的食客，是加多宝形成传播力的"源点人群"。

餐饮店只有吧台展示、冰箱陈列展示等几种方式，最主要的生动化方式是在广宣物料的使用上。加多宝的销售人员需要在不打破其原有装修风格的基础上，通过玻璃橱窗贴、门贴、地贴、墙壁挂画、海报或围裙、吊旗、餐桌上的牙签筒、茶壶、茶杯、酒杯、餐牌、菜单、台布、椅套等广宣物料，实现餐饮终端的生动化。还可通过店招、冰箱、户外桌椅、太阳伞等物料来实现生动化。

小店渠道

小店渠道主要包括旺街店、旺区店、交通枢纽店、社区小店、乡村小店、景区小店等。小店渠道的特点就是高度依赖客情维护，一般店面较小，老板夫妻就身兼店员，操作比较灵活，货款一般是现结。

通过送店招、投放太阳伞、遮阳棚、冰箱等与小店老板套近乎、拉客情，可以实现非常灵活的产品生动化陈列。可以通过海报围裙、太阳伞、冰箱冰柜、价格标签、展示架、挂架、吊旗吊环等的广宣物料实现小店渠道生动化。

特通渠道的日常工作

特通渠道，就是特殊的销售场所。特通之所以特，就是指其有特殊的人群、特殊的消费时间段、特殊的游戏规则，等等。加多宝的特通渠道主要指网吧和夜场。

特通渠道的销售员会使用的广宣物料包括店招、太阳伞、海报围裙、吊旗，冰箱，展示架等，具体可以根据各个场所的不同定制不同的光宣物料。

在网吧，会拉一些店招、吧台陈列、吊旗、背景墙、鼠标垫、电脑显示屏、椅套、包柱、墙面贴画、冰箱陈列等。

在夜场酒吧、歌厅、影院等特通渠道，加多宝的销售人员会在吧台、餐牌、菜单、吊旗、灯箱、小礼品上面做文章，实现终端的生动化。

对于这么大的一支销售队伍，加多宝在其内部设置有督导队，在外部还设置了一个独立的监察部，两套系统一起监督员工，从而打造出一支尽职尽责的销售军团。

第 7 章
产能竞争——生产比销售更难搞

每一个参与可口可乐的人都应该赚到钱。

——罗伯特·伍德拉夫

广药可以为未来的发展与加多宝携手共赢,至于陈鸿道先生本人可能不便于进入中国大陆,广药可以在陈鸿道先生本人认为合适的地方、合适的地点、合适的时间,我们甚至可以到海外去谈,这是广药能够提出的最有诚意的建设性的意见。

——倪依东(广药集团常务副总)

凉茶大战的起因，据说还有一个版本。

当初广药只是认为王老吉商标被贱租了，于是想让陈鸿道每年拿8个亿左右的品牌租赁费。因为按照国际惯例，商标租赁费为营业额的5%左右。加多宝当时号称销售额160亿元，所以8亿元是一个比较公允的数字。

可是，加多宝方面有自己的算计，与其这样，还不如每年烧8个亿的广告去打"加多宝"这个自家的品牌。于是双方都很强硬，闹成现在这种局面出现，弄得两家都很疲惫。

如果这是真的，随着凉茶大战的深入，双方慢慢会发现，这根本不单纯是品牌的问题。牵一发而动全身，争夺的范围远超出自己当初的想象。因为还要面对司法问题、装潢权问题、配方问题、广告问题、公关问题、团队执行力问题、渠道问题、终端问题，直到产能问题、供应链问题……

广药想要的，肯定不仅是"王老吉"商标，更想要的是王老吉曾经产生的160个亿的市场份额。广药方面一开始乐观地以为，只要收回商标，许多问题就迎刃而解了，但慢慢发现各种难题接踵而来。

加多宝方面也认为，只要自己烧钱硬砸出一个品牌，自己就"齐活儿了"。但发现自己的对手也挺狠的，广药之内也是卧虎藏龙，高手云集。

商战就是剥洋葱

企业家有一种吹牛皮而被原谅的特权，美其名曰"愿景"。

当初陈鸿道夸下海口，要做中国的可口可乐，虽未能达到，但仍可自圆其说为一种有待实现的"愿景"。

但无论如何，你不能空对空，至少得先把产品生产出来才行，否则任何愿景都无法实现，就是真吹牛了。

生活就像剥洋葱，总有一片会让你落泪。

商业竞争也是，一开始你以为只是A的问题，接着发现B和C也很重要，接着又冒出了DEFG……一系列问题。最后你才发现，原来前面的都是小障碍，K才是一个根本不可能完成的任务。

而这个时候，你已经骑虎难下，只能血战到底了。

从前有个叫罗永浩的英语老师，在网络上很有人气，此人幽默机敏，又读过几本商业书，于是萌发了创业做手机的想法。

罗永浩生产了一款"锤子手机"，由于粉丝众多，很快形成了一种营销优势。老罗的营销能力，没有人不佩服。但由于"锤子手机"产能跟不上，以前的营销都白做了，夸下的海口全成了笑料。由于电子产品更新换代快，等"锤子手机"解决了产能的时候，只能大幅降价销售了。

更令人惋惜的是，很多粉丝纷纷调转阵营，加入到了嘲讽者的阵营。粉丝经济需要很多底层执行力来配合，否则会面临"粉转黑"的窘境。

　　品牌、营销、定位这些表层的东西最容易引人注目，其实也最容易搞定。越是底层的东西，越需要强大的执行力，比如终端布控，比如产能建设。最后知道真相的人，眼泪会不会掉下来？

没产能，营销越猛越跛脚

　　终端没货，可能有两种原因，第一是终端已经被竞争对手占据，你的产品进不去。第二是你的产品能进去，但销售员却拿不到货。后者多是产能不足引起的。

　　比产品能不能进入货架更愁人的问题，是有没有货的问题。在产能没解决前，连销售、渠道都要靠边站。

　　就广告投放来看，广药王老吉目前不如加多宝凉茶的火力猛。这很可能只是广药的一种策略。

　　首先，王老吉曾经被推到了一个至高无上的"凉茶始祖"的地位，广药王老吉不必急着大把烧钱，只需"文火慢炖"维持着知名度即可。

　　其次，在广药王老吉的产能问题未解决之前，广告火力太猛，不仅浪费钱，而且是给自己制造尴尬。"有需求，却没货卖"，没有比这更遗憾的事情了。

　　2012年6月初，广药王老吉就在长城脚下宣布了新品上市的计划，并决定全国铺货。一年之后，仍有很多地方的消费者反映买不到货，超市里也只有原来的绿盒王老吉和红罐加多宝。很多广药的经销商，只能眼巴巴地盼着公司来发货。

　　广药实现全国化铺货，必须突破产能瓶颈，广药一开始只能先代工厂商生产，建立自有罐装生产线，而这需要一两年时间。因为一些大的代工厂商与加多宝有协议，短期内不可能与广药合作。

加多宝从一开始就很注重设置排他性壁垒，无论是终端小店，还是中间的经销商，上游的种植户，包括代工厂商，加多宝都与合作者签订了排他性协议，以阻击同行的竞争者。

这些壁垒，会让广药王老吉一时半会儿解决不了产能问题，解决了产能问题，还要应对终端铺货的问题。

广药收回商标后，至少在两三年之内，面临这样一个优先级次序：比营销更重要的是公关，比公关更重要的渠道，比渠道更重要的是产能。

汽车、手机的产能跟不上，消费者都可以暂时等一等，甚至可以故意做饥饿营销。但饮料是即兴消费，当口渴的感觉来临时，消费者是一分钟也不能等的。等喉咙份额被别的产品占据后，你再捧上自己的产品，消费者的胃已经被灌满了。

没品控，产能越高越被动

十多年间，加多宝将凉茶从偏安东南一隅的区域性药茶，变成为全国流行的软饮，并以每年两位数的速度倍增，"集中提取、分散灌装"这种现代化生产模式是前提条件。

凉茶产业之所以发展得那么快，关键在于"集中提取、分散灌装"这种生产模式的创新。通过这种生产模式，凉茶解决了最核心的保证质量问题。

过去凉茶是现煮现喝的，但经过一系列的高温消毒程序和现代包装技术结合以后，凉茶可以存放一年以上，产品的保存期大大延长。正是这一技术性的突破让凉茶有了走出南方、走向全国甚至是世界的机会。加多宝严格的品质管控制度是实现这一理想的基本保障。

标准化、现代化的生产模式，是产能极速倍增的前提。我们不妨再回顾一下可口可乐的历史，看看可口可乐是如何变成一款畅销世界的软饮的。

话说坎德勒接受可口可乐以后，经过一系列的变革创新，可口可乐终于成为了一种畅销全国的饮品。可口可乐的"旅行推销员"跑遍了美国，推销可乐的同时负责培训冷饮店的工作人员，教他们用原浆调制可口可乐。

由于可口可乐配方中含有咖啡因和可卡因，可口可乐公司遭到指控，联邦法院要求在产品中剔除这些成分。

坎德勒当然是据理力争，但可卡因的危害已经日益为世人所知，打了十多年的官司，阿萨·坎德勒被迫改变了配方，去掉了其中的可卡因，咖啡因依然被保留。

可口可乐公司引起了一个名叫欧内斯特·伍德拉夫的银行家的注意。欧内斯特有着葛朗台式的性格，同时有着资本家的嗜血性，他开始觊觎可口可乐，瞅准一切机会入主这家赚钱的公司。

配方诉讼的失利，让年逾七旬的坎德勒深受打击，开始萌生退意。

1917 年，坎德勒将公司交给子女们打理。欧内斯特·伍德拉夫终于有了机会！

由于可口可乐太能赚钱，坎德勒的几个孩子为公司的股份争得不可开交。欧内斯特·伍德拉夫买通了公司的一位元老，游说坎德勒的子女把公司卖掉。欧内斯特·伍德拉夫给出的价码是 1500 万美元——这在当时是非常大的一笔钱，并且给他们 1000 万美元的优先股。这是当年美国最大的一个收购案。坎德勒的子女无法拒绝这样的诱惑。

子女们瞒着坎德勒把公司卖掉了，最后知道真相的坎德勒眼泪掉了下来。

1923 年 4 月，伍德拉夫扶持自己的儿子罗伯特上台。让可口可乐走向世界的，正是这位年方 33 岁的掌舵人罗伯特·伍德拉夫。

伍德拉夫为人低调，说话简洁、明了，一针见血。比如："每一个参与可口可乐的人都应该赚到钱。"他的话不多，却被可口可乐公司句句奉为圭臬。

伍德拉夫有一个贯彻其管理生涯的原则，就是致力于可口可乐品质控制的标准化。就全美国市场而言，每一个地方的水质不同，工人操作的时候放进去的小苏打、糖浆的比例也会略有不同。但伍德拉夫要求，全美国每一桶甚至每一瓶可口可乐的味道都应基本一致。

伍德拉夫把全国的可口可乐"旅行推销员"召集到亚特兰大，宣布他们被集体解雇了。这些推销员面面相觑。伍德拉夫解释说，现在可口可乐已经不需要推销了，可口可乐准备成立一个部门，负责去帮各地的瓶装厂商实现产品的标准化，如果你们感兴趣，可以去这个新部门应聘。台下一阵欢呼。

伍德拉夫上台的时候，可口可乐还没有收回对瓶装厂的控制权。但这不会影响伍德拉夫使可口可乐标准化的决心。很多瓶装厂商抵制标准化，伍德拉夫也同样毫不客气地予以反击，一则段子可以折射当时的紧张气氛——

伍德拉夫有一次去视察一个装瓶工厂，他发现车间特别脏乱。于是他把装瓶工人叫过来，对他说："你最好在第二天把你的操作间打扫干净，不然的话，你很快就会发现，自己被换到了其他某一条生产线上。"

"但是，伍德拉夫先生，"这个装瓶工抗议道，"打扫干净没什么作用，第二天就会恢复老样子。"

一阵紧张的沉默过后，伍德拉夫缓慢地把雪茄从嘴里取出，眼睛直直地盯着这个装瓶工。"你每天都得擦你的屁股，是不是呀？"伍德拉夫说。说完这句话，他重新叼起雪茄，离开了。

加多宝为了保证凉茶生产的标准化、口感的一致性，先后开发研究了"中草药加布料器"、本草提取自动控制系统和"外部管式加热提取""多级连续反渗透膜浓缩系统及使用该系统进行浓缩的方法"，同时，加多宝为这些技术申请了专利，以期获取技术壁垒。

产能发力，加多宝自建工厂

加多宝公司采取的是产销分离的制度，也就是说，生产部只管生产和发货，至于生产多少、往哪里发货则是由集团从销售部收集信息后统一分配。

2011 年，加多宝在广东省清远市建设了全国最大的凉茶浓缩汁生产基地，目前加多宝已在广东、北京、浙江、福建、湖北、四川等省市建立了26 个凉茶生产基地，两家凉茶浓缩汁萃取工厂。各个生产基地均设有一名总经理，但实际上就是履行厂长职责，负责产品的生产以及确保产品质量安全。

加多宝的"大品牌＋大平台"战略，要求产能必须跟上强大的营销攻势。

2012 年中，加多宝先后启动了四川资阳和湖北仙桃的凉茶扩产项目，投资 4 亿元的四川基地一期工程拟建两条红色罐装凉茶饮料生产线，每条生产线设计产能为每分钟 600 罐，预计建成投产后年销售额将超 10 亿元，而正在筹建中的仙桃基地投资总额逾 20 亿元，建成后的工厂将设置 8 条生产线，计划年产罐装凉茶 7000 万箱，年销售额可达 100 亿元。

这样主管生产的部门只要一心抓产能和质量即可，而销售部就可以根据各地的生产情况以及物流成本进行灵活的调配，从而高效地运行。

加多宝壁垒森严，广药另辟蹊径

一开始，广药萧规曹随，采用加多宝的铁罐凉茶。广药仅仅为了找这种铁罐上的拉环，都费了很大周章，因为大多数供应商都只能为加多宝做。

而产能比较大的铁罐代工厂商，除了银鹭，都与加多宝签订了排他性协议。加多宝的铁罐主要是由奥瑞金和中粮包装做的，这两家是国内马口铁包装的龙头企业。

那些产能较小的代工厂，全国也就几十家，累积起来也就每年几十个亿的产能。在这种情况下，马蹄铁三片罐这种早已被淘汰的工艺突然在中国走红，以至于铁罐饮料生产线的调试师傅身价倍增。

很多加多宝凉茶的代工厂与加多宝除了签订所谓的排他协议，还有纵横交织的利益关系。一些代工厂的法人，其实也就是个摆设，至于谁是真正的老板，读者可以脑补。

不仅在生产过程中，在上下游供应链中，类似情况也普遍存在。加多宝与供应商签的协议里，有很多排他性条款，很多供应商既想跟广药合作，又怕这种排他性协议中的高额赔偿。

重重壁垒之下，广药几乎针插不进，水泼不透。

无奈之下，广药只好弃用铁罐，改用更物美价廉环保的铝罐。广药改用铝罐，市场反响也不错。

其实，加多宝早在 2006 年已悄悄开始尝试换装，逐渐由厚重的铁罐换成了质地轻薄的铝罐。

饮料包装的金属罐分两片罐和三片罐，两片罐的材料多为铝合金板材，俗称铝罐；三片罐使用的材料多为马口铁（镀锡薄钢板），俗称铁罐。

凉茶包装一般分为罐装、纸包装和PET塑料瓶这三种，受加多宝影响，许多品牌的罐装凉茶一开始都是采用铁罐。

加多宝采用铁罐有出于成本的考虑——随着原材料市场的波动，近年来马口铁罐上涨较快，成本较高。据一业内人士透露，换成铝罐后，包材成本可以降低约 15%，也就是 0.2 元左右。

更重要的是出于提高产能的考量，这才是加多宝选择升级灌装线的主要原因。同一个档次的生产设备，生产铝罐的速度比铁罐更快，一般情况下，选择用铝罐的企业产量都比较大，每年产量在几千万、上亿罐以上才会选择铝罐。这种技术升级，会使得行业的准入门槛随之提高。

第8章

娱乐争霸——内涵多元化胜过定位单一化

我们的目标，仅仅是给世界各地的消费者提供快乐。

——唐纳德·基奥（可口可乐前总裁）

营销学书上的那些东西都是不可信的，和他们想法相反的，倒可以试一下。

——史玉柱

加多宝凉茶最旺的销售季节是什么时候？如果按照其防上火的"定位"来分析，应该是盛夏上火的时节。

陈鸿道永远不会告诉你，加多宝最旺销的时间是寒冷的春节期间。这个时候的销售量，相当于全年的三分之一！

创业伊始，陈鸿道就想围绕王老吉的"吉"字做文章，如果说红罐凉茶有过所谓的定位的话，"吉庆"是一个，"正宗"是一个。但王老吉和加多宝官方都不打算承认这是"定位"，唯一官方承认的"防上火"，还是个假定位。

其实，很多品牌根本不需要定位，你所要做的就是不断丰富品牌内涵，然后把定位权交给消费者：你说我是什么定位，我就是什么定位。

这种将错就错，可以规避定位最大的弊端——把自己给"定"死了。

世界上最牛的定位师

世界上最牛的定位师傅是谁？是里斯？还是特劳特？

我觉得消费者才是最牛的定位老师。就像史玉柱说的，最好的策划导师就是消费者。

路易·威登被资本并购以后，就开始了全球化的脚步。一开始，路易·威登并没有做任何定位，仅仅很低调地宣扬"旅行"这一品牌内涵。

根据销售人员在一线的反馈，路易·威登的决策者很快发现，在法国，路易·威登是中老年妇女才使用的品牌。但是在日本，路易·威登是年轻女性，尤其是年轻的职业女性喜欢的品牌。而在中国，路易·威登又是成功"商务人士"的身份象征。

路易·威登依然没有做定位，仅仅是迎合与引导。比如在日本，LV联合艺术家村上隆，用卡通化图案装饰路易·威登，LV的字母组合图案遇上变化多端的奇幻色彩更能迎合日本的年轻女性。

也就是说，路易·威登在不同的区域有不同的"定位"，如果一定要把路易·威登这种策略也叫作"定位"，不妨称之为"大数据多元定位法"吧。

可口可乐的定位是什么？

路易·威登的定位是什么？

肯定没有标准答案。

时空在不停地转换，品牌的内涵也在变化。在某些时空，可口可乐可以配合消费者佯装成奢侈品，自行车也可以配合消费者佯装成婚礼标配。

定位是一码事，消费者怎么认为是另一码事。

从媒体传播的效率上讲，定位是一种高效速成的手段，从长远经营的角度看，不要定位，反而能使品牌长青。我们将在本章的最后探讨可口可乐的历年广告，你就能感受到这种变化。

历史在发展，所以很多品牌的内涵也一直在丰富。市场无远弗届，不同的区域，产品会被消费者自发定位成不同的东西。

定位最大的缺点是"定"，一不小心就把自己"定"死了。市场潮流，消费者的偏好，具有很大的不确定性，与其自作聪明去定位，不如顺应市场。

吉庆定位，节日标配

有钱人办婚宴，会准备中华香烟。但是，如果预算有限，婚宴上准备红双喜香烟一定也不会掉价，虽然红双喜比中华便宜多了。加多宝、王老吉畅销的一个秘密，就是"低价格，高格调"。在加多宝起家的温州市场，王老吉凉茶就曾经作为婚宴标配的身份出现。至于为什么后来这种降暑药演变成了北方大冷天的热门礼品，则是消费者自己的伟大创举。

大红底色的加多宝（前红罐王老吉）凉茶在县级以下市场非常讨喜，由于价格不贵，又显得量多，特别能拿得出手，因此深受欢迎。

陈鸿道对"吉庆"这个定位，似乎显得有点瞻前顾后，举棋不定。

直到 2011 年元旦，人在香港的陈鸿道好像悟到了什么，赶紧安排人抢注了"吉庆时分"四个字作为香港王老吉公司的商标。

就全国市场而言，加多宝凉茶倾向于"去火"的功能性宣传。但在局部地方，尤其是县、乡、村市场，王老吉的实际"定位"是礼品。这个"定位"不是企业自上而下推行的，是消费者自下而上创造的。

在广大的农村，由于消费能力不强，整箱的火腿肠、方便面，甚至可乐、凉茶都能作为礼品送来送去。但这种批量的购买，恰恰弥补了药茶即兴消费频次不足的问题。

红罐凉茶的大红色彩，很符合中国传统的喜庆风。在某些地方已经把它当作一个办喜酒的标配品，红罐凉茶与大红色包装的红双喜、金六福成为并列的红色"三宝"。

加多宝将自己的渠道下沉到乡镇一级的市场，加多宝的销售员遍及中国的广大农村。在北方地区，很多农村消费者把加多宝当作礼品。加多宝公司的营销人员不断地接受到这一反馈，开始围绕"吉庆"做文章，推出了礼盒装红罐凉茶。

其实，中国农村市场才是广阔天地，大有作为。1996 年，另一家以"红"为 CI（企业形象识别系统）的企业，也学习三株，提出了"坚定不移地走向县乡村"的口号，靠几万营销大军完成了约 10 亿元的年销售额，成为健康产业的一颗明珠，这就是谢圣明的红桃 K 集团。

当初史玉柱也是师法吴炳新，采用"人海战术"，也建立了自己的销售大军。在史玉柱的事业由高峰跌到低谷时，他就是凭借着挨家挨户调查，逐个地终端拜访，以江阴这个小地方为根据地打开了全国市场，然后以"送礼只送脑白金"定位再次起家。

最近，脑白金这个产品，已经进入市场的衰退期，史玉柱面临着销售军团"转业"的问题。一个好友劝史玉柱：保健品业务全关闭，一万八千人的销售队伍全转为卖保险。史玉柱有些心动，但仍在想更好的项目，也许不会进入凉茶行业，但我们不妨想想，假如把陈鸿道换成史玉柱，可能早就做成"送礼就送王老吉/加多宝"了。

■送礼就送王老吉/加多宝

春节不仅是传统节日，更是人情往来的日子，所以红罐凉茶作为一种相对廉价（利润极高）而讨喜的产品，在局部区域已经成为节日标配。

从 2008 年开始，加多宝的红罐凉茶逐渐摸索到了"吉庆"这一精准定位，最终在 2011 年定稿为"吉庆时分"。这个定位帮助加多宝取得了销量上的重大突破，甚至在一些地区，过节不收脑白金，改收王老吉了。

推广"吉庆"是一个真正的定位，当然不会与"怕上火"这一功能介绍相冲突，还拓展了销售场景，也拓展了消费人群，可以帮助红罐凉茶由药饮顺利切换为主流饮料。

在美国，曾经有一家老字号的糖果作坊，喜诗糖果（See's Candy），沃伦·巴菲特这样分析收购这家企业的原因：这家位于加州的企业所生产的糖果，被认为是表达爱情的最重要的物品之一。所以，在情人节的时候，男士们绝对不会因为 See's Candy 涨价就购买其他品牌的糖果，这就是它的优势。

如果一种产品成为了节日标配，它必然是便宜的，但这种便宜绝对不会令人觉得尴尬，就好比饺子，虽然不贵，但逢年过节你必须以它为主食。

一盒两美元的糖果，贵吗？如今却演变成为一种节日标配。一箱三十多元人民币的凉茶也不贵，一旦成为人们的首选礼物时，它就是一种正在形成的"文化"！

与广药分家后，加多宝下了决心要花钱砸出一个品牌出来，加多宝打出了几张节庆营销牌，试图让红罐凉茶更带有喜庆内涵。

加多宝携其他行业巨头连续两年推出"加多宝伴你嗨回家"公益活动，力求带动大批企业与社会力量对于春运"回家难"话题的关注。

加多宝凉茶的节庆营销功效立竿见影，春节销售额会占到全年的三分之一强！

不要问理发师你是否该理发

马克·吐温曾讲过："对于一个手拿锤子的人而言，看什么都像钉子。"
那些掌握了一招半式营销理论的人，比拿锤人更加自负与危险。拿锤人只
是想做好事，狭隘的咨询师则只是为了赚你的咨询费。

20 世纪初，美国的一些商学院设置了一门新学科叫《市场营销》，其
背后的资助者正是全美几大广告公司，目的就是给未来的企业管理者洗脑，
让他们"只相信品牌的力量"，从而让企业多花钱投放广告。

纽约有一条麦迪逊大街，美国许多大广告公司都集中在这条街上，到
了 20 世纪 20 年代，这条街几乎就是美国广告业的代名词。

20 世纪 60 年代，麦迪逊大街诞生了一个新广告传播概念：定位
（Positioning）。

只是，任何来自麦迪逊大街的理论都带有一种天生的倾向性，就是以
品牌传播为核心。

必须承认，现代传媒手段对塑造品牌非常有效，但如果只看到这一点，
就容易忽视更重要的真相。

对任何来自麦迪逊大街的理论，都要保持一定的警惕性。广告固然是
一种猛药，但也不能乱吃。

定位（Positioning）理论，就其本质来讲是一种"抢位策略"，就是通
过媒体宣传让品牌在消费者心里"占据"一个什么样的位置和留有什么样
的印象。定位是个很好的广告传播工具，但也只是个工具而已。在无远弗
届的市场中，它的局限性显而易见。

因为，让消费者知晓一个品牌是一码事，让消费者为一个品牌掏钱又

是另一码事。知名度、美誉度，这个度，那个度，都不能和最终的购买画等号。

定位是一种先验的理论，你的市场调查，消费者测试，都不能取代市场消费者最终真正的抉择。会不会出现这种状况——

·怕上火，喝六个核桃。有人觉得核桃是治疗便秘的佳品。

·送礼就送王老吉。又觉得它价格合理，名字有口彩，包装喜庆。

消费者行为并非等齐划一的，任何妄图给消费者洗脑的尝试都是危险的。消费者有自己的生活经验、自己的消费规划。

你的定位是一回事，消费者的行为又是另一回事。很可能你精心设计的"定位"最终可能只是"错位"。

娱乐营销，深度定制

娱乐营销，就是借助娱乐的元素或形式使产品与客户的情感建立联系，从而达到销售产品、建立忠诚客户的目的。这是目前加多宝的品牌战略。

其实，加多宝创业之初是想模仿可口可乐，走娱乐营销的感性路线的，但无奈那时很多条件都不成熟。

与广药分家，加多宝终于可以摆脱"功能型饮料"的故步自封了，不但能避开与友商的直接火拼，而且更早地踏上了娱乐营销的快车。

但娱乐节目的收视率也呈现出极大的集中性，简单地说就是两极分化。有些节目收视率如果不行，还不如不投。其实，2012年加多宝冠名了好几档综艺节目，只不过因为《中国好声音》太火了，所以外界最终只记得《中国好声音》。还有一个更重要的原因，就是这档娱乐节目是为加多宝深度定制的。

《中国好声音》的制作方灿星公司在第一年推出这档娱乐节目时，堪称艰难。除了费劲周折买下国外的 The Voice 版权，还要寻找播出平台，最后和浙江卫视谈妥。

浙江卫视当时为《好声音》冠名权的要价是6000万元人民币。这个价在当时是非常贵的。表面上看，《非诚勿扰》的冠名费身价高达2亿元人民币，可人家全年一共有100期节目。而《好声音》最初计划只有10期，"折合"到每期的成本，相当于《超级女声》顶峰时的身价。

当然，6000万元的身价并不是凭空喊出来的。一是由其制作成本决定，二是制作方对这档节目有信心。最后，宝洁公司表示有兴趣买这档节目的冠名权，但没有支付定金。

冠名商没落实，广告也不尽人意。节目预计有90分钟，按国家广电总局规定，可以有20分钟广告，第一期的广告只卖出了9分钟。

没有广告意味着巨大的投入没有产出，项目负责人陷入了深深的焦虑。

开播前一个月，原定的冠名商宝洁公司经过专门的分析团队分析后，做出了放弃冠名权的决定。

得到消息的当天晚上，灿星公司老总田明悲壮地说："如果找不到冠名商，即使裸奔我们也要上。"

幸好，浙江卫视广告部主任王俊很快就找来了加多宝。

王俊认为，肯为10期节目掏6000万元的企业不会很多。与其漫天撒网，不如有针对性地物色目标客户。此时，他们多年的老客户——加多宝正与王老吉陷入一场品牌之争，从网络上的口水战到销售终端的"肉搏战"，可谓拼红了眼。

王俊感觉到，加多宝正好需要一个媒体事件来切换品牌。于是，王俊给加多宝的执行总裁阳爱星打了个电话，于是两人相约见面。

此前，加多宝也在许多媒体投放广告，对效果并不满意。但浙江卫视这次为了拿下加多宝这个客户也是蛮拼的，为他们"量身定做"了一则广告语："正宗好凉茶，正宗好声音。"

阳爱星对此非常有兴趣，认为这是一个不错的媒体机会。一顿饭的工夫，困扰灿星公司许久的问题迎刃而解。

加多宝当时的举动，让灿星和浙江卫视感激得不行，后来的结果又让加多宝对灿星和浙江卫视感激得不行。阳爱星说："这个项目正是我要的引爆点！你看后来我们给加多宝多大的回报？10个亿都不止！"

到了2013年浙江卫视选秀节目《中国好声音》的冠名价已经水涨船高，最后被加多宝以2亿再次夺得。在这之前，这个数字从9000万元的标底价开始，已经经过70多轮的加价。即使在出价超过1.5亿后，仍有郎酒和汇源两家紧随不放。

在不影响节目观感的前提下，《中国好声音》为加多宝见缝插针地做了深度定制的广告。可以说，通过赞助《中国好声音》，加多宝赚大了。

合作的初衷，加多宝瞄准的是"正宗"，但慢慢地，加多宝发现"娱乐"比正宗更有效。加多宝不断扩张自己的娱乐版图，除了《中国好声音》，还赞助了《舞出我人生》《星跳水立方》等娱乐节目，并把目标瞄向了央视春晚。

"正宗好凉茶正宗好声音欢迎收看由凉茶领导品牌加多宝为您冠名的加

多宝凉茶中国好声音……"主持人华少以47秒说完350个字的"贯口"，不仅引发了公众挑战最快语速的兴趣，也开启了企业深度定制娱乐节目的先例。加多宝的一位高管说，加多宝不仅是一个冠名企业，一个投资方，更是节目合伙人，从一开始就参与了节目的培育。

如果不是电视台和制作方有求于企业，这种深度定制是不可能的。正是这种前所未有的深度定制，使好声音达到国内所有同期其他综艺节目少有企及的高度，也让"正宗好凉茶，正宗好声音"火遍大江南北。

同时，加多宝利用自身的销售终端的优势为《好声音》做交互式宣传，在加多宝凉茶的罐体上打上好声音的Logo，这种交互式营销又进一步提升了《好声音》的收视率，加多宝广告的效果又进一步被放大。随着华少超速"贯口"在网络上引发热议，加多宝利用这一机会，在新浪微博推出PK华少的活动，这是加多宝推广品牌的又一娱乐形式。

而在"微信好声音"公关案例中，加多宝将《好声音》"你唱我评"的互动模式搬到微信上，采用了一种社交互动式娱乐营销。与《好声音》几度联姻后，加多宝娱乐营销已经渐入佳境，打出了更多的"娱乐，喜庆，互动"牌。

娃哈哈在娱乐大战中也不甘人后，与加多宝如影随形。第一季《中国好声音》，娃哈哈的启力也是这档节目的最大广告方，而娃哈哈启力冠名的《星跳水立方》里，也出现了加多宝的广告。

广药集团在娱乐营销方面也频频露脸，赞助了央视《开门大吉》这个全民娱乐节目，甚至在其官网上用了"The king is always lucky"这个梗，一改过去人们对老国企僵化的印象。这其实源自一则网络笑话——

一同学问我："The king is always lucky"这则谚语怎么翻译，我不假思索就说："国王总是幸运的。"他摇摇头说出了三个字："王老吉。"——我顿时长跪不起……

消费者对品牌的感知和评价已经不仅仅局限于产品本身，尤其是目前年轻的消费人群，共鸣和交流、娱乐更是太忙的情感诉求。随着碳酸饮料销量的逐年下降，可口可乐公司于2013年推出了"昵称瓶"，如今，可口可乐的瓶身上已经不仅仅是"可口可乐"四个字了，而是标有时下最流行的诸如"文艺青年、高富帅、白富美、天然呆"等网络语，如此娱乐卖萌手法赢得了一部分年轻消费者的喜爱。

目前，加多宝和王老吉都处在激烈的品牌识别竞争阶段。我们将会看到，凉茶大战的重心，会从品牌之战、配方之战、公关之战，走向娱乐之战，并且愈演愈烈。

加多宝的超前广告

"天地正气王老吉！"

这是加多宝（前红罐王老吉）1996年前后的凉茶广告。

几年之后，加多宝推出的凉茶广告是：健康家庭，永远相伴。

加多宝一直是以可口可乐为师的。这两则明显带有可口可乐风格的广告，为什么却效果不彰呢？

老实说，可口可乐公司确实是行业标杆，师法可口可乐，不会有错。为什么这种广告用在加多宝凉茶上效果就打折扣了呢？

其实，这两则广告并没有什么问题，只是推出的时机不对。加多宝忽略了产品的成长周期，一开始步子迈得有些大。

这两则凉茶广告如果放在今天投放，效果会非常好。

从可口可乐广告的历史上看，前 20 年的可口可乐广告，几乎完全是介绍产品功能的。

等到了全美国都知道可口可乐的功能的时候，可口可乐就不做这种广告了。可口可乐越是后期的广告，越是注重娱乐性，强调快乐、幸福、友谊这些更高需求层次的东西。至今在注册的可口可乐商标上保留着"ENJOY"的单词，在某种意义上代表了可口可乐的核心精神。

产品生命周期决定广告内容

1966 年，雷蒙德·弗农首次提出了产品生命周期理论，即一种产品要经历：介绍期（或导入期）、成长期、成熟期和衰退期。

相对于全国市场，凉茶是一个新的饮料品类。这个时候就模仿可口可乐，打出一些高感性的广告，只会让人摸不着头脑。

让我们简单回顾一下加多宝凉茶的历代广告演化——

· 天地正气王老吉！

· 健康家庭，永远相伴。

· 不用担心什么，激情享受生活，怕上火喝王老吉

· 怕上火喝王老吉

· 怕上火，喝正宗凉茶。正宗凉茶，加多宝出品。

· 正宗好凉茶，正宗好声音

· 怕上火，现在喝加多宝，全国销量领先的红罐凉茶，改名加
多宝，还是原来的配方，还是熟悉的味道。

· 怕上火，喝加多宝！

你还记得自己第一次吃火龙果、臭豆腐、刺身之类的东西时候的心情吗？

其实，对一种新产品，不论其包装多好，消费者第一次品尝的时候还是带有疑虑的。

这个时期，也就是产品的导入期（介绍期），用直接、浅白、简短的广告介绍功能最有效。在产品的成熟期，那些高感性的广告反而更有杀伤力。

当一种产品被普遍接受后，人们买的就不再是这种产品，而是他们的憧憬和期望。

香槟再贵，也只是一种酒精饮料，酗酒是无益健康的，但在人们脑海里已经将它和庆祝成功建立了关联。

可口可乐的配方再"独一无二"，也无法改变它是碳酸饮料的事实，碳酸是有损健康的，但可口可乐长期打出与可乐、家庭、友谊有关的广告，可口可乐就与这些积极情绪建立了一种关联。人们消费这种99.61%由碳酸、糖浆和水构成的棕色液体时，更多是消费其品牌中所蕴含的独特文化。这种对品牌内在文化的大众认同，为其带来了巨大的无形资产，也构成了一个品牌保持持久生命力的基础。同时，也把"美国之梦"装在了瓶子里，即活力、激情、创造、享受等美国精神的象征。

尽情尽畅，终极主题

到了20世纪二三十年代，随着可口可乐产品被更多的人接受和认知，广告语的宣传越发趋于感性，在功能性的诉求基础之上，增添了更多的内容和含义，如欢乐、希望、魅力、活力、友谊等。

回顾可口可乐的广告历史，我们更能一目了然地看到这种规律。括号内的文字为作者点评。

1886 年 可口可乐，可口！清爽！醒脑！提神！【强调功效】

1900 年 清香提神、请在冷饮店喝可口可乐，5 美分一杯！【强调功效】

1907 年 可口可乐，带来精力，使你充满活力。【强调功效】

1908 年 可口可乐，带来真诚。【开始强调社交功效】

1911 年 尽享一杯流动的欢笑。【开始强调快乐】

1917 年 一天三百万！【开始夸耀销量】

1920 年 可口可乐，一种好东西从九个地方倒入一个杯子。

1922 年 口渴不分季节。【此时的可口可乐已经不满足于夏季冷饮的定位】

1923 年 享受清新一刻。

1925 年 真正的魅力。

1925 年 一天六百万！【再次强调销量与市场领导者地位】

1926 年 口渴与清凉之间的最近距离——可口可乐。

1927 年 在任何一个角落。【展露出全球化意图】

1928 年 可口可乐，自然风韵，纯正饮品。

1929 年 稍事歇息，享受清新一刻。

1932 年 太阳下的冰凉。

1933 年 一扫疲惫，饥渴。【强调功效】

1935 年 可口可乐——带来朋友相聚的瞬间。

1937 年　美国的欢乐时光。

1938 年　口渴不需要其他。

1939 年　无论你是谁，无论你在做什么，无论你在哪里，提神就要冰镇可口可乐。

1940 年　最易解你渴

1942 年　只有可口可乐，才是可口可乐。【针对当时德国的"山寨货"强调正宗】

1943 年　美国生活方式的世界性标志——可口可乐。【打文化牌】

1944 年　环球高标。【英文原文：Global high sign。当时战争即将结束，诺曼底登陆胜利在望】

1945 年　充满友谊的生活、幸福的象征。

1946 年　世界友谊俱乐部——只需 5 美分。

1947 年　可口可乐的品质，是你永远信赖的朋友。

1948 年　哪里有可口可乐，哪里就有殷勤款待。

1949 年　可口可乐，沿着高速公路到达各地。【当时汽车开始普及，高速公路建设方兴未艾】

1950 年　口渴，同样追求品质

1951 年　好客与家的选择。

1952 年　你想要的就是可口可乐。

1953 年　充满精力，安全驾驶。

1955 年　就像阳光一样带来振奋。

1956 年　可口可乐，好事情，好品味。

1957 年　好品味的象征。

1958 年　清凉，轻松和可口可乐。

1959 年　可口可乐的欢欣人生，真正的活力。

1961 年　可口可乐，给你带来最佳状态。

1963 年　可口相伴，万事胜意。【英文原文：Thing go better with Coke】

1964 年　可口可乐给你虎虎生气，特别的活力 1965 充分享受可口可乐。

1966 年　喝了可口可乐，你再也不会感到疲倦。

1969 年　地道货！【英文原文：It's the Real thing。当时，美国太空船登陆月球，人类登月的美梦成真。香港当时译为：真是好嘢！】

1968 年　一波又一波，一杯又一杯。

1970 年　这才是真正的，这才是地道货，可口可乐真正令你心旷神怡。

1971 年　我愿拥有可乐的世界。

1972 年　可口可乐，伴随美好时光。

1975 年　好运，美国。【当时"越战"失利、能源危机、通货膨胀等危机接踵而至，美国人民需要抚慰伤痛】

1976 年　可口可乐，添情添趣。

1977 年　可口可乐，添加欢笑。

1982 年　这就是可乐！【强调经典地位】

1985 年　一踢，一击，可口可乐。

1986 年　可口可乐，红色、白色、还有你。【红底白字商标的经典可乐回归】

1987 年　挡不住的感觉。

1990 年　挡不住的诱惑。【英文原文：Can't beat the real thing】

1993 年—1994 年　永远是可口可乐。【强调经典地位】

1995 年—1996 年　这就是可口可乐。【强调经典地位】

2001 年　活力永远是可口可乐。

2003 年　享受清凉一刻。

2005 年　要爽由自己。

一切行业都是娱乐业

可口可乐前总裁唐纳德·吉奥说："我们的目标仅仅是给世界各地的消费者提供快乐。"而可口可乐公司的一位广告商则这样指导他手下的创意人员："我们提供的是幻象，消费者喝的是意境，而不是产品。"

更酷的凉茶

加多宝一开始就为自己的凉茶产品注入了娱乐的基因。

在 2003 年非典之后，陈鸿道开始豪赌红罐凉茶，斥资 4000 万元进行高密度的广告宣传，广告用了消费者认为日常生活中最易上火的五个场景：吃火锅、通宵看球赛、吃油炸食品薯条、烧烤和夏日阳光浴，画面中人们在开心畅饮红色王老吉，结合时尚、动感十足的广告歌——"不用害怕什么，尽情享受生活，怕上火，喝王老吉！"

传统经济学的"理性人假设"对我们洗脑太深，商业思维永远束缚在成本、市场占有率、股东股票价值等事项上，然而，娱乐业的感情原则是对商学院传统观念的跨越。

在加多宝凉茶的外包装上，不但印有《中国好声音》的 Logo，还印有"正宗好声音、正宗好凉茶"的 Slogan。

在《中国好声音》的节目中，主持人总是见缝插针地强调这台选秀节目是由加多宝赞助的。在全民娱乐的时代，加多宝实践了"所有行业都是娱乐业"这一信条。

建立快乐形象

买东西，有人为了追求健康，有人为了追求品质，有人为了追求性价比，有人为追求尊重，但人们终极追求的是什么？

快乐，才是人类的终极最求。有时候，人们为了获得快乐甚至甘愿舍弃一点健康。为了快乐，可以放弃一些自尊。为了快乐，可以挥霍一些钱财。

从1920年到1930年，是可口可乐广告的黄金时代。它的缔造者阿奇·李从4岁的女儿和小伙伴们争抢她那只破旧的玩具小熊这件小事上大受启发。"吸引顾客的关键不在于产品本身，"李得出结论，"而在于它的意象。"

当时其他产品的广告大多选用"恐吓营销"：比如展现难看的皱纹使消费者产生恐惧心理，从而购买润手霜加以避免。

李却把可口可乐定位成亲切友善的产品，喝可口可乐的人们总是快乐、充满活力、健康、友好。其他广告天才如比尔·贝克和约翰·博金后来在电视广告中采用不同的形式丰富了李的思想。

其实，鸿道集团最初的名字不叫鸿道，而是叫"善和"，这个企业字号可以折射出陈鸿道的某种心迹。快乐，才是终极的客户体验。要想成功，你就必须与消费者建立一种感情上的联系。这样才能创造一种让客户无法拒绝的感情体验，他们购买你的产品和服务的原因是，他们可以一遍接一遍地享受这种感情的体验。

把商业竞争植入娱乐中

如果有一天，你看到加多宝、王老吉或者和其正投资的影视公司、音乐公司，请不必奇怪，因为这是由商业逻辑所决定的。娱乐营销不局限于综艺节目冠名，还包括影视的植入广告、电影首映礼等方式。

可口可乐公司最伟大的CEO郭思达先生，除了干过推出新口味可口可乐这一件"蠢事"之外，还干过另一件"蠢事"，就是投资哥伦比亚电影公司。

1982年郭思达收购哥伦比亚影业时，动用了7.5亿美元，这让所有人都大跌眼镜，因为这相当于哥伦比亚公司股票市值的两倍。这也太不靠谱了，一家饮料公司怎么会懂得制作电影呢？

其实，郭思达有自己的打算。这并不是说，郭思达想借此跻身娱乐圈，而是为了公司的长远业务发展。早在1929年经济大萧条的时候，可口可乐公司就尝过电影植入式广告的甜头。郭思达先生认为，和电影公司合作，要看别人的脸色，索性买一家电影公司吧！这样拍的电影不是可以随便植入可口可乐的广告了吗？所以，郭思达先生坚持收购哥伦比亚影业。

一年后，哥伦比亚为可口可乐带来了9000万美元的利润。电影也成为了可口可乐重要的宣传阵地。在哥伦比亚出品的电影中，俊男靓女喝的都是可口可乐，特别是英雄人物一定会喝可口可乐，可口可乐就是酷的代名词。而百事可乐只有在消极的情节下才会出现，成为只有蠢蛋才会喝的饮料。

七年之后，哥伦比亚电影公司已经被利用完毕，郭思达考虑把它卖给索尼映画，索尼为了获得控股权付出了48亿美元。考虑到哥伦比亚公司过去立下的功劳，这48亿美元几乎是可口可乐公司净赚的。

消费者已经被训练得越来越老练了，早过了你在电视上吹嘘几种功效，就纷纷掏钱的年代。还可能有一种极端的情况是，你越强调功效，消费者越嗤之以鼻。

功效有限，娱乐无限。不论公司规模大小，以及它所提供的产品和服务是什么，都应在消费者脑海中与快乐建立关联。

经济萧条，娱乐繁荣

1929年，美国爆发经济危机。在此之前，很多人都在股市、楼市中赚到了大钱。危机来临，一片愁云惨雾。

可口可乐顺势打出"稍事歇息，享受清新一刻"的广告语。

在美国经济大萧条的时候，可口可乐的销量不降反增，也有这种怀旧情愫的作用。每当经济不振的时候，娱乐业反而逆势上扬，因为人们有逃避现实的需要。

语文修辞学有个概念叫"通感"。比如，把男女情欲嫉妒说成"吃醋"，是一种将人的味觉和情感互相沟通、交错的修辞格，这就是典型的通感。味觉、听觉、触觉……都可能引起感情的共鸣。其实味觉、嗅觉、触觉、听觉……还可以承载情感，也影响人的消费，这在营销学中被称为情感营销。

如果一种饮料在市面上存在过几十年，说明它至少已经被一两代人接受了。消费者对这种饮料是有味蕾记忆的，这种记忆，是承载着感情的。或许是自己的童年，或许是自己的初恋……

比如，有一个被雪藏多年、最近复活的品牌——"北冰洋汽水"，很多"80后"喜欢喝。客观来说，它就是一种加了橘子香精的碳酸饮料而已。但是，它却承载着很多"80后"的记忆，这些人又会引领更多的人来消费这种饮料。

1995年到2012年，是中国经济高速发展的17年。这期间，中国甚至连续多年GDP增长在10%以上。这意味着，大部分人都会受益于经济的发展，也就是说，这段时间对于很多人来说，是真正的"流金岁月"。

社会主义国家不会发生经济危机。但是，资本主义国家几年一次的经济危机难免波及我国。未来的中国，经济增长会不会仍然如此强劲，具有一定的不确定性。

所谓触景生情，这个时期的感性记忆都会成为经典，成为记忆的载体，或许是老歌、老味道、老款式……一款饮料，能够在市场存活几十年，已经具备了成为经典的条件。

体育营销，为品牌注入活力内涵

可口可乐只是一款非常容易仿造的糖水，为什么就是这么一款糖水，竟能够如此畅销？

长期以来，可口可乐坚持赞助奥运会，在碳酸饮料被证明对身体有害之前，它让运动员相信可口可乐是一种能提高体育成绩的魔水，于是，可口可乐还曾被誉为"运动"的可乐。

奥运营销，加多宝一战成名

2006年，加多宝参加了央视奥运会相关的招标活动，在现场又引起了轰动：以3.08亿元的天价买断了中央电视台2007—2008年体育赛事合作伙伴称号。

很多人感到困惑，为什么要投那么多钱？其实这是经过精心计算的。

2008 年是北京奥运年，机会可谓百年不遇，加多宝抓住了机会，就可以利用奥运传播，成为一个全国品牌。

亚运营销，提升品牌知名度

从 2009 年加多宝成为亚运会赞助商之后的一年多时间内，通过完备的亚运体育营销，将品牌和消费者的沟通提升至新的层面，同时在营销模式上成为国内体育营销的创新范本。

其实，很多赞助体育赛事的企业，广告等于白做了，因为观众的注意力是非常有限的。但根据一份调查显示，近 40% 的公众能识别红罐王老吉的亚运赞助商身份，并且在北京、上海、广州三地其识别率高达 50%，相比其他知名大企业 20% 左右的识别率，可谓成绩突出。

"防上火"失分体育营销

赞助体育赛事的做法，这相当于用普通广告的预算来做主题营销，在宣传中加入体育、娱乐的概念，也可以慢慢扭转消费者对加多宝凉茶"防上火"的刻板印象。加多宝采用体育+娱乐的营销的手法，可以在年轻人中增加品牌影响，但长期以来，在"防上火"上投入的广告火力过猛。

加多宝凉茶以往的产品诉求只是单一的"防上火"，而"防上火"在很多情况下并非是年轻人的关注点。

非体育品牌在体育营销中最常见的失分点，是无法在品牌内涵和体育赛事建立有效的关联。而牵强附会的关联最终只会让营销效果大打折扣。

第 *9* 章

企业传讯——公关比广告更重要

可口可乐 99.61% 是碳酸、糖浆和水。如果不进行广告宣传，那还有谁会喝它呢？

——罗伯特·伍德拉夫

真正的广告，不在于制作一则广告，而在于让媒体讨论你的品牌而达成广告。

——菲利普·科特勒

在加多宝公司，除了"邮差"这个奇怪的称谓，还设置有一个"企业传讯部"，大致相当于公共关系部，这个称谓都是陈鸿道从香港学来的。这种特殊称谓，可以加强加多宝的"港资"色彩，会为加多宝的日常运营增加便利。

"企业传讯部"会利用电视台、广播媒体、传统平媒、网媒以及新媒体等平台，向消费者传递加多宝的信息。

比附一个强大对手

若想建立强大的名声，有一个取巧的捷径，就是盯住一个强大的对手不放。比如三星盯住苹果不放，百事可乐盯住可口可乐不放，做手机的小米非要和做空调的格力一比高低。

一个人的水平和档次，可以从他的对手看出来。武侠小说里，为了塑造高手形象，往往采用这样的技巧：先让一个狠角色出场，结果这个狠角色被更狠的角色灭了。这时候，真正的主角才缓缓出场，轻轻一出手，就把更狠的角色打败了。

公关，就是处理与公众的关系，目的就是要在公众心里留下积极的印象。在公众的心里，你的对手的水平，代表着你的水平。

加多宝一再强调，自己是可以"比肩"可口可乐的饮料品牌。

2012 年，在一份所谓的《2012 年前三季度中国饮料行业运行状况分析报告》出炉了。报告指出，2012 年前三季度，中国市场的饮料行业总体景气程度下滑，其中一个分化趋势是：健康型饮料比重上升而碳酸类饮料份额呈下降趋势。目前碳酸饮料的市场份额已经下降到 21.9%，落后于饮用水 25.7% 以及果汁品类 22.2%。

"昔日风光无限的饮料界大佬可口可乐公司也在罐装饮料市场上让出了头把交椅，以 10.3% 的份额排于加多宝凉茶之后。"

明眼人都能看出，就算这个统计数字可信，这种比较方法也是非常罕见的。

因为它只拿罐装可口可乐进行比较。罐装仅是可口可乐包装之一种，没有把玻璃瓶、塑料瓶，以及冷饮机终端的销量算进去。

所以，可口可乐在中国市场的销量仍然远超加多宝。

尽管这个数据并不能代表什么，可是，一般大众谁会关注这些细节呢？

一些哗众取宠媒体恨不得把标题写成"加多宝销量超过可口可乐"来以讹传讹。

加多宝方面当然没有义务澄清这个问题，而可口可乐在这方面被人"吃豆腐"惯了，往往采取不回应的策略。双方互不回应，对于大多数公众来说，仿佛是一种默认。

于是乎，"加多宝销量超过可口可乐"的误解伴随着"中国第一罐"的说法越传越神。

利用媒体，传播品牌

在广药和加多宝的商标争讼期间，北京大成律师事务所姚岚律师在其博客中写道：

> "奇怪的是，双方不管怎么打，都是舆论战，都是消费者看，记者和经销商陪着玩，始终见不到双方在法律进程上有任何的举措，甚至连表明法律纠纷立场的最基本的律师函也没见谁发过。双方似乎都在全情投入地自导自演，自言自语，各自向媒体倾诉，向公众诉说，向上下游的客户倾诉，向直接经销商倾诉，讲述着王老吉的历史，讲述着王老吉品牌的强大，回顾着王老吉对社会公益事业的贡献，畅谈着王老吉未来的战略规划。"

凉茶大战中的双方，互有交织利益，是一对亲密敌人。

一方面，广药需要加多宝这个引航员，帮自己荡平类似和其正这种对手，并摸索出最佳市场路线图。广药只需亦步亦趋即可以实现跟进，甚至超越。

另一方面，陈鸿道可能已经掌控了海外王老吉的大部分商标权，大陆王老吉品牌价值的增长，对自己只有好处没有坏处。在凉茶之战中，无论王老吉还是加多宝赢了，对陈鸿道都有利。

加多宝所要做的，只是从一座已经失火的房子里抢救出尽可能多的财产——将品牌知名度转移到加多宝上来。

就是要让全天下的人都知道加多宝在和王老吉打架！就是要让全天下人都知道加多宝和王老吉本来是一家的！这是加多宝现阶段最大的公关意图。

为达到这个目的，过程有些瑕疵也在所不惜了！

广药和加多宝的隔空骂战，在客观是上起到了一种广告作用。加多宝的目是让人知道，加多宝就是原来红罐王老吉的运营方。各路新闻媒体广为传播"广加之争"，等于免费为加多宝做了品牌广告。

自己发广告说，"加多宝"就是"王老吉"，既要花广告费，又未必有公信力。通过不停的诉讼和公关活动，保持良性或者中性的公众曝光度，可以更好地实现加多宝的意图。

移花接木，双赢结局

之所以把陈鸿道称为最失败的成功者，是因为他把借来的王老吉品牌打造成了凉茶品类第一。假如定位理论是正确的，那么消费者的这种认知应该是不可改变的。

如果加多宝公司心有不甘，就必须通过舆论手段，实现"加多宝就是原来的王老吉"的宣传意图。在广药收回商标在即的时候，加多宝先打出这样的广告——怕上火，喝正宗凉茶。正宗凉茶，加多宝出品。

这则广告是为日后的"正宗配方"定位做过渡。2012 年中，加多宝开始进一步修改广告——怕上火，现在喝加多宝。全国销量领先的红罐凉茶改名加多宝，还是原来的配方，还是熟悉的味道。

这则广告极为啰唆，但句句都体现了加多宝的关键诉求——

1.加多宝和原来的王老吉是同质化产品；

2.加多宝才是凉茶品类领导者；

3.收回红罐包装"视觉锤"；

4.加多宝采用王老吉凉茶配方；

5.凉茶经典口味。

但老实说，这则广告诉求点过多，看似面面俱到，实则会造成公众的认知混乱，想抢回心智资源，其难度近乎偷天换日。

其实，加多宝在2012年商标官司败诉之前，就已经为品牌切换"帮助"消费者做心理准备。比如：在相当长一段时间里，各地超市里"总也卖不完"的加多宝和王老吉的红罐凉茶。这些渠道行为已经在败诉前，就为品牌切换打下了相当的基础。

对于"加多宝"和"王老吉"之间的公关战，总会有和事佬写一些酸腐文章劝和，但这只能是一个美好的愿望。从公关目的来讲，闹一闹，对双方都好。

就公众而言，自然是"看热闹不嫌事儿大"，闹得越欢，围观者越多。

对于加多宝来说，这是一场心智资源的争夺战，是战斗哪来那么多温良恭俭让？加多宝的目的就是要大家都知道：从前的红罐王老吉现在改名加多宝了。如果能达到这个目的，过程就算不愉快，也是可以接受的。

广药绝不上当，最佳策略是以静制动，仅仅在官网上汇集了一些网上文章，不是指出对方是"假悲情""诈骗犯""逃犯"，就是完全一副不屑置辩的态度。

企业公关，立体传讯

当有媒体问及加多宝公司比较青睐的媒介投放形式是什么时，加多宝方面的发言人坦承是"广告＋公关"的营销宣传方式。也就是说，加多宝的公关和营销其实是一个有机整体。

"企业传讯部"是加多宝与公众之间一道双向沟通桥梁，负责对外发布新闻维护企业形象，提升企业服务。企业传讯部专责统筹传媒关系、宣传推广、新闻出版及企业宣传活动的事宜，并处理公众投诉，也负责拓展加多宝的公共关系。

通过加多宝公司的一些职位设置，可以管窥企业传讯部的职能。

电视栏目策划经理

栏目策划经理可根据加多宝品牌传播战略，制订电视媒体的软性投放计划。负责收集全国各大卫视、地方台的优质栏目信息，发现与加多宝品牌契合度高的栏目，做出可行性分析与合作方案。

栏目策划经理要善于整合媒体资源、创新媒体投放形式，有效利用现有媒体资源进行品牌传播，跟进项目拍摄、把控项目进度，评估播出效果，及时改进电视节目制作。

新闻策划经理

该职务要善于提炼加多宝品牌的传播点，编辑传播内容，选择合适的传播平台，及时有效地传播企业的正面新闻。

搜集整理客户及其竞争对手的相关信息。策划、传播新闻话题规划和管理加多宝的公共关系事件，审核加多宝对外发布的通稿。

传播策划主任

负责撰写传播方案、规划项目预算、统筹公关传播项目的执行、媒体活动、发布进度，并根据公关传播执行效果进行评估，及时调整传播策略。

平面策划经理

这个职位主要是运用品牌、传播与营销知识，撰写传播方案及文案，回答平面媒体采访的问题。平时还要和专业公关公司及媒体策略公司进行接洽、沟通。拟写传播执行方案，对平面媒体文章的发布效果进行跟踪管理以及效果评估。

网络营销经理

顾名思义，负责网上营销事务，此外还要配合加多宝的年度主题活动，策划网络公关传播方案，并执行、跟进、调整。

要与网络媒体维护好日常关系，与网络营销代理公司进行日常的沟通与管理。这需要拥有丰富良好的沟通能力、网络媒体经验、人脉，熟悉网络媒体运营。

网络媒体经理

网络媒体经理比网络营销经理更具有公关特征，负责网络公关项目策划，执行。该职位可以代表加多宝与网络媒体进行年度合作谈判、资源分配，以及日常的沟通工作。

负责传播加多宝的正面信息，拦截竞争对手散布的恶意信息。特别是要负责百度品牌资源运营。此外，还负责加多宝品牌官网的运营、更新。

公关传播专员

公关传播专员主要负责饮料行业的新闻搜集及竞争对手的信息汇总工作，还要负责各个媒体项目计划的落实、执行、跟踪、监督工作。

毋庸置疑，广告对品牌传播具有强大的带动作用，你可以用营销手段花钱砸出一个名牌来，但是，要维护所谓的知名度、美誉度，却要靠公关。公关能起到四两拨千斤的作用。

公关，就是维护企业与公众关系的一种手段。加多宝所有的公关活动，不外乎向公众传达如下信息：

1.加多宝就是原来的王老吉；

2.加多宝销量是行业第一；

3.加多宝凉茶是可以放心饮用的；

4.加多宝公司是热心公益的。

只要达到了上述四条中任何一项，加多宝的公关目的就已经达到了。

加多宝的营销能力有口皆碑，但对加多宝的公关能力则颇具争议。有人认为加多宝是公关典范，有人认为加多宝"营销有多聪明，公关就有多愚蠢"。其实，加多宝对于公关传播的投入极大，公关能力也不断提升。

不要兜售自己不相信的东西

在可口可乐公司员工中流传着这么一个老笑话：为可口可乐公司工作，就要接受一次大输血，但输进去的不是血液，而是可乐糖浆。

巴菲特都快到耄耋之年了，每次召开股东会议的时候，都自己打开一罐可口可乐，当众慢慢品尝。巴菲特是可口可乐的大股东，为了推广可口可乐当然要不遗余力。

希望有一天，哪位凉茶业的领军人物也能在公共场合喝自己生产的凉茶。不要等出现了危机的时候才去喝，要把喝凉茶融入自己的日常。

你如果真相信凉茶是一种健康饮品，就应该每天喝，每个重要场合都打开一罐，企业高管的这种示范效应，比任何广告都有效。

大约100年前，可口可乐公司的董事长罗伯特·伍德拉夫曾把全体推销员召集起来，宣布解聘通知，让他们不知所措。第二天，他又重新雇用他们，让他们到一个"新"的服务部门工作。伍德拉夫还说，他们不再是推销员，因为已没有必要靠宣扬可口可乐的优点来招徕顾客了。相反，他们只是技术服务人员，确保冷饮柜能够调制出完美的冰镇可乐。

不但企业高管要相信这一条，也要向普通职员灌输这样的一种观念：凉茶是最好的健康产品，可以经常饮用。你的业务员应该像传教士一样，向自己的亲朋好友推广凉茶。

参与公益，加多宝一夜成名

日本有个企业家叫斋藤一人，主要从事健康食品和化妆品的开发和销售。当别的企业家们都想方设法逃税、偷税、漏税的时候，斋藤一人却想尽办法争做日本纳税第一人。

在被同行们嘲笑了多年后，其弟子揭开了这一不解之谜。先不管这里面的大智慧，只从结果来看，这招让斋藤一人"一夜成名"，紧接着，当然是品牌知名度的提升，这是花十倍的广告费也换不来的效果。

加多宝积极参加社会公益，不仅赞助 2008 北京奥运会相关活动、2010年广州亚运会和厦门国际马拉松等，开展体育营销，并且持续赞助各种社会公益活动。这些公关活动获得了政府、社会和消费者的高度认同，无疑树立了公益形象。

2008 年，加多宝向灾区捐赠 1 亿元，引起媒体关注和网络热议，还在此背景下又制造了一个"封杀事件"，加多宝一下子火了。

2010 年青海玉树发生地震后，加多宝集团捐款 1.1 亿元。

一时间王老吉成为网络上各大论坛里最火热的名词。只可惜老板陈鸿道有官司在身，却不能享受这一荣誉。

而所谓"封杀"其实是要表达"买光超市的王老吉，上一罐买一罐"的意思。这些网上热炒的事件，有人认为是"网络水军"所为，但不管真假，毕竟加多宝是真的捐钱捐物了，也收获了足够多的眼球。

第*10*章

内忧外患——外战比内战更难打

在和解之路上，我们进行了多次努力，但都没成功。甚至去年在收回王老吉商标授权之后，仍多次在公开场合表达双方合作的意愿，但并没有得到对方的响应。

——倪依东（广药集团常务副总）

我们现在的发展主题已经不是要守住第一这个称号，而是要不断地往前走，我们在进攻。对于加多宝来说，我们的竞争对象已经不仅限于凉茶领域，而是整个饮料行业，所以去年可能还在打内战，可是今年我们已经不谈这个问题了，我们现在是外战而不是内战了。

——王月贵（加多宝品牌管理部副总经理）

加多宝执行总裁阳爱星在 2014 年度的公司营销大会上说："加多宝将面临更为复杂的环境和更加白热化的市场竞争。我们要时刻心存危机感，要牢记生于忧患死于安乐的古训。"

凉茶江湖，群雄虎视眈眈。尽管觊觎这个行业的挑战者已经死了不少，但利润的吸引，让人前仆后继，越挫越勇。让我们看看除了王老吉，加多宝还面临着哪些挑战者。

然而，最大的危机可能还是来自凉茶这个品类自身，会不会经过一次短暂"中兴"之后，又被消费者厌弃呢？会不会"其兴也勃焉，其亡也忽焉"？这真的很难预料。

机关算尽，人走茶未凉

与众多起于草莽的企业家一样，陈鸿道也拥有一种很强的自我保护意识。且不说费尽周折获得的"香港户口"这层保护衣，单就其积累的人脉关系而言，就有寻求庇荫的意思。

2004 年 7 月，一家名为同兴药业（下称同兴）的香港公司在他的支持下成立。该公司在香港政府公司注册处登记的 5 位早期出资人分别是：

北海集团主席徐展堂

香港同兴药业有限公司董事长李祖泽

华丰国货董事长黄光汉

裕华百货董事长余国春

香港立法会议员黄宜弘

据港媒报道，这些都是香港政商两界大有来头的人物，他们与陈鸿道私交甚笃。

2005 年，香港同兴药业通过增资扩股的方式进入王老吉药业，王老吉药业由广药独资子公司，变为双方对等持股 48.05% 的合资公司，而种种迹象表明，香港同兴药业的实际控制人为陈鸿道。

陈鸿道有一个构想，就是使海内外的王老吉商标走向联合。

王健仪曾表示，同兴入股王老吉药业时，曾与广药集团签订了一份商标统一承诺书，广药集团同意将其拥有的内地"王老吉"商标所有权有偿转入合资企业，作为对等条件，同兴也将协助香港王老吉家族将其拥有的"王老吉" 40 多项海外商标所有权有偿转入合资公司。

如果顺利的话，广药和加多宝可以将王老吉凉茶卖到全世界，而陈鸿道将成为王老吉业务背后的实际控制人。同兴成立后的一个月，陈鸿道就迫不及待地将香港鸿道集团更名为香港王老吉有限公司。

但是，理想很丰满，现实很骨干。陈鸿道"弃保潜逃"，使得加多宝也不得不走上了"去王老吉化"的路子。甚至，在香港的王老吉凉茶，陈鸿道也主动更名为加多宝。

2008 年，汶川地震，陈鸿道让加多宝捐款 1 亿元，是一种公关，同时也是善意的释放。

2012 年，广州市检察院发文声称"终止侦查"陈鸿道行贿案。

然而，加多宝只是空欢喜一场。不久，广州检察院解释这是一起乌龙事件，属于低级笔误，应该是"中止侦查"。终止与中止，一字之差，谬之千里。只能说，汉语真是博大精深啊。

一般来说，人跑了，生意也就黄了，但加多宝不能垮。

加多宝有一万多名职工，他们中的很多人属于学历不高，也没有更好的谋生技能，再就业比较难……所以，加多宝不能黄。要让它在市场中自由竞争，如果因为自由竞争而垮掉，那就怨不得别人了。

品牌延伸只是一个策略

一开始，对于是否能顺利收回王老吉商标，广药也没有绝对把握。

广药集团的倪依东说，当时广药集团做了两手准备：收回的话就让王老吉品牌回归主业，收不回的话就多元化发展，充分利用王老吉品牌的价值。

首先，王老吉进行品牌延伸，生产龟苓膏之类的东西，到底会不会"稀释"王老吉这个品牌，是个有待实践检验的论断。其次，正是广药的王老吉品牌的多元化策略，让加多宝最终下定决心"去王老吉化"。

所以，王老吉的品牌延伸，只是逼迫对手放弃抵抗的一种策略。

2010 年 11 月，广药集团单方面召开媒体发布会，宣称公司旗下的王老吉品牌，经过第三方机构评估价值 1080.15 亿元人民币，超越海尔、联想等知名品牌成为中国估价最高的品牌。

作为一次主权宣示行为，广药集团还宣布在全球范围内公开招募新的合作伙伴，共同发展"王老吉大健康产业"，把"王老吉"品牌向药酒、药妆、保健品、食品、运动器械等多个领域扩张。这意味着广药集团计划对王老吉品牌进行凉茶以外的多元化授权。广药集团行动高调喊话：准备将王老吉的品牌收入最大化。

加多宝一改往日闷声发大财的做法，公开抨击广药集团"王老吉大健康产业"为盲目多元化，最终将毁掉王老吉这个专做凉茶的品牌！

其实，广药高层不是不懂定位，定位是个普通初中生就能理解的东西，广药有更富有远见的规划。

广药高层已经达成一种共识：就算王老吉品牌不收回来，因为加多宝用租用品牌没安全感，也会做品牌切换和过渡工作，那时候，王老吉品牌价值就可能会被透支，然后扔给广药一具空壳。所以，尽早逼加多宝去王老吉化，可以让王老吉在品牌价值最高的时候回归。

广药这个时候也公开摊牌：广药集团与加多宝之间不存在大的分歧，只是希望能将品牌续租价格变得更加公正合理，至于价格，就是按照国际惯例的5%左右收取，也就是每年8亿元左右。

加多宝这边认为，每年8个亿，足够另起一个新品牌了。于是，双方开始谈判，谈着谈着就谈崩了。

加多宝公司有终端、渠道优势，而广药有人才、资本优势，只要不犯大的错误，将会形成凉茶行业的双寡头格局。

邓老：不伤身的凉茶

邓老凉茶，根据广州中医药大学终身教授、国家级名老中医邓铁涛先生行医御药70多年的历炼宝方研制，主要分为包装成品和现煲凉茶两大部分。

邓老凉茶品牌故事

2003 年 2 月中旬的广州市，SARS 进入发病高峰期，这时，西医界对 SARS 的致病原凶到底是什么，争论得沸沸扬扬。当时已是 87 岁高龄的邓铁涛站出来说，SARS 是温病的一种，而中医治疗温病历史悠久，用中医药可以治好 SARS。他所在的广州中医药大学第一附属医院共收治了 58 例（经过专家鉴定），取得了"三个零"的成绩：没有病人转院，即"零转院"；没有病人死亡，即"零死亡"；而且由于医院全体人员都吃中药来预防，医务人员无人感染，即"零感染"。

2003 年 4 月，中央电视台公布了邓铁涛推荐的一份预防 SARS 的药方。后来，邓老的学生朱拉伊总裁找到邓老，与邓老促膝深谈，谈到如何振兴中医中药，让中医中药现代化的问题时，邓老就在原来预防 SARS 药方的基础上稍作改动配成邓老凉茶的药方，并把这配方给了关键的人——朱拉伊先生，期勉他将中医药发扬光大，造福社稷。

特点与优势

朱拉伊是新南方集团当家人，既懂中医，又有雄厚的商界背景。

邓铁涛先生是中医药界公认的国宝级巨匠，在邓老凉茶公司提供的产品介绍里，邓老凉茶是精选金银花、白茅根、菊花、桑叶、蒲公英、甘草为原料，全部符合卫生部公布的药食同源（既是食品又是药品）目录要求，不含夏枯草等成分。邓老凉茶的广告口号是——

·现代凉茶更懂你。

·为现代人体质而改变。

邓老凉茶是新一代清火养生的保健饮品，清火不伤身、常饮保健康。

和其正：瓶装凉茶的领导者

"和其正"是福建达利园集团生产的一个凉茶的品牌，是中国凉茶行业的一匹"黑马"，大有与王老吉、加多宝三分天下之雄心。

如果说在消费者的心智中，红罐凉茶的代表是王老吉和加多宝，那么瓶装凉茶的代表者就是和其正。

凉茶和其正，大瓶更尽兴

在中国市场上，和其正与加多宝（前红罐王老吉）竞争多年，和其正抓住加多宝只有罐装产品的软肋猛攻，推出同样价格，几乎是双倍容量600毫升瓶装凉茶。加多宝受制于合同，真是有苦难言。

和其正的配料表是：纯净水、白砂糖、仙草、甘草、鸡蛋花、布渣叶、菊花、金银花、夏枯草。与加多宝的配料表和口味几乎完全一致。

和其正的战术是当年百事可乐"打劫"可口可乐的一个翻版，当年百事进攻可口可乐的市场时，用的策略就是"同样价格，两份产品"。

和其正在600毫升瓶装凉茶成功之后，又趁胜追击，推出了1500毫升和350毫升的瓶装凉茶。现在，又推出了罐装和其正凉茶，简直不给对手任何反击的机会。

深圳市人大代表朱玉童先生在其微博中写道："今天阅读《糖烟酒周刊》食品版，原加多宝营销高管狠批特劳特公司误事，导致加多宝两大失误。一，过晚推出瓶装凉茶，看着和其正瓜分了市场；二，不注重加多宝这个企业品牌，差一点使加多宝完蛋。如果不是加多宝超强的渠道能力和推广能力，可能大家就看不到加多宝了。定位神话就此破局！"其实，特劳特公司也是躺着中枪，今日之局面主要还是源于当初合同的瑕疵。

现在，加多宝终于也能生产瓶装凉茶了，可以推出同样大容量的瓶装凉茶来防守了。但大多数消费者想起瓶装凉茶，首先想到的仍然是和其正。

假如和其正宣传瓶装凉茶比金属罐装凉茶安全系数更高……请读者自行脑补吧。

产品定位与渠道优势

"和其正"产品的定位，除了具有"王老吉"的"喝了不上火"的作用外，还有"熬夜伤神补元气"！陈道明手执"和其正"之扇的形象，风度翩翩，复古中道。

依托于达利园食品集团，和其正有着独到的渠道优势。达利园的渠道耕耘得非常深，甚至在火车上，偏远的山区小店都能买到它的产品。

达利园做凉茶，一度坐到行业第二把交椅。

霸王凉茶，投机未成蚀了本

原来做洗发水的霸王集团，也涉足了凉茶生意。

霸王进入凉茶领域后，还请近年来凭借《叶问》《锦衣卫》红得发紫的功夫巨星甄子丹做代言，可谓声势浩大。

但霸王自身的渠道建设并不完善，也没有自建销售队伍铺进市场，而是引入合作伙伴销售，一直依赖销售外包商和指定的经销商。

这样就能节省不少渠道建设的费用，但是也造成了其对渠道管控力度过弱的弊端。

霸王其实是在投机取巧，很容易导致货品压在经销商的仓库里，卖不动，而且经销商代垫的费用无法兑现而遭受损失。没有加多宝那样顽固坚韧的渠道，很难走远。

霸王凉茶后来的销售团队多是从加多宝挖走的，其开给销售人员的待遇肯定比加多宝更多。

其自身在销售团队建设和饮料业务的管理等方面均不完善，且战线拉得太长，也制约了其整体业务的发展，所以进军凉茶市场本身就是一个错误的决定。

凉茶业务已由初期位居集团第二大收入来源的"功臣"，迅速沦落成了"拖油瓶"。

黄振龙凉茶：稳占茶铺利基

1994 年，连锁经营在中国还是一个陌生的概念，黄振龙凉茶连锁店就在广州文昌路开业了，现在，"黄振龙凉茶"专卖店密集地遍布于广州市的大街小巷，其红底黄字的招牌，是广州一道显目的街景。黄振龙凉茶供应的凉茶品种繁多，有自己的响当当的招牌——癍痧凉茶。黄振龙癍痧凉茶至今已有近 80 年的历史。

· 改变的是工艺，不变的是良茶。

· 健康生活新概念。

· 凉茶中的 XO。（新黑罐产品）

除此之外，黄振龙凉茶还有多种清凉消暑饮品，像茅根竹蔗水、罗汉果五花茶、菊花雪梨茶，等等，都深受街坊欢迎。

宝庆堂：利乐包凉茶之王

宝庆堂凉茶素有"利乐包凉茶之王"之称。所属厂商为深圳市深晖企业有限公司，该公司有多年的饮料销售经验，经营椰汁积累了庞大的销售通路，在传统士多、现代商超、批发、团购拥有庞大的网络，"地毯式"的铺货策略使宝庆堂在激烈的竞争中杀出一条血路。"宝庆堂"凉茶也获得了首批国家级"非物质文化遗产"称号。

"宝庆堂"凉茶在吸取古老凉茶合理配方和工艺的基础上，根据中医"清热祛湿"为防病治病关键的理论，结合现代科学对中草药的最新研究成果，在原有古方基础上做适当调整。在制作工艺上采用现代技术恒温循环提取、超高温瞬时灭菌及无菌标准化灌装技术，保证了各中草药草本精华保存于包装产品中。

提前布局其他饮料

加多宝凉茶最大的敌人，恐怕不是王老吉，不是和其正，也不是邓老或黄振龙，而是来自整个凉茶品类需求的衰退。品牌是毛，品类是皮。皮之不存，毛将焉附？

当凉茶逐渐被消费者抛弃的时候，加多宝可以凭借自身的终端网络优势，再导入一个与自身网络气质相符的饮料品类。

产品从初创到退出市场的整个生命过程。又称产品寿命周期，它一般经过导入、成长、成熟、饱和和衰退等阶段。

雷蒙德·弗农 1966 年首次提出了产品生命周期理论，即介绍期（或引入期）、成长期、成熟期和衰退期。

凉茶本身就是用来解决上火的问题的，整个产业之所以能在近十年得到突飞猛进的发展，最本质的原因还是需求所致。

由于人们生活方式的改变，体力和脑力消耗越来越多，是消费者自身的需求推进了凉茶产业的喷发，"怕上火"是对凉茶功能的综合提炼，因此是属于整个凉茶产业的。张俊修预计,未来凉茶产业将继续保持两位数增长,并填充由于碳酸饮料及含咖啡因饮料下降腾出来的市场空间。

广药收回王老吉商标后,加多宝终于可以下定决心推出自己的品牌。同时,也卸掉了以前只能出红罐凉茶的桎梏,现在不仅有了瓶装加多宝,甚至还有了盒装加多宝。在未来,加多宝甚至会推出桶装凉茶也说不定。一切取决于市场格局的演变。

回顾可口可乐的历史经验,可以把脉凉茶产业的未来走向。

从 2000 年开始,碳酸类饮料无论是在美国、中国,还是在世界范围,都出现了增长萎缩的情况,汇源在高浓度和纯果汁市场占有四成左右的市场份额。在美国,百事可乐已经控制了非碳酸饮料 50% 的市场份额,可口可乐名列第二,只有 23%。在每一种非碳酸饮料里,前者几乎都有一个领先的品牌:瓶装水(Aquafina)、运动饮料(佳得乐)、纯净水(Propel)、果汁(纯品康纳)、罐装茶(立顿)以及即饮咖啡(星巴客)。

所以,加多宝也提前布局非凉茶饮料。一个典型的例子是:昆仑山是加多宝团队于 2009 年年初推出的一种高端矿泉水,看上去一生下来就占尽先天优势,特别是令业界羡慕的渠道和团队优势。然而昆仑山的市场表现差强人意,与巨大的投入形成了强烈的反差。

附录 *1*

凉茶大战 36 计

兵者，诡道也。

上兵伐谋，在这场仍在进行中的凉茶大战中，处处都是谋略思维。让我们结合谋略模型，回过头来再捋一遍。

1.声东击西

学我者生，像我者死。"怕上火"只是一个迷惑对手的假定位。

春节前后 20 来天，全国普遍低温，而加多宝凉茶的销量可以占到全年总销量的 33.3%。这才是加多宝最不愿与人分享的"成功秘诀"。

加多宝有一个真正的定位是"吉庆"。而吉庆定位和红色包装是相伴而生的。加多宝凉茶在春节畅销的主因在于讨喜的名字、红罐包装，以及娱乐营销的火力配合，这些可以为其注入一种吉庆的品牌内涵。

无论是企业给员工发节日福利，还是走亲访友，带上一箱大红色的吉庆凉茶，都是一种不错的选择。

广药集团和加多宝公司争夺红色包装权，表面上看，这是一种包装"视觉锤"的争夺，再往深里说，这是对"吉庆"内涵的争夺。加多宝虽然丢掉了"王老吉"商标，却及时抢注了"吉庆时分"商标。

定位，有时也是有心栽花花不活，无意插柳柳成荫。"送礼就送王老吉"已经成为一句网络流行语，有很多人甚至相信"脑白金只比王老吉多了一味药"。

加多宝其实是模糊多元化定位，"吉庆"是其目前最有价值的一个"定位"。

广药王老吉也采取了同样的路数，不但包装喜庆，商标也更有口彩，央视的"开门大吉"节目，也是为其量身定制的。

2.拆东补西

红罐王老吉一开始采用的是马口铁三片罐装，这是一种相对落后的，且更昂贵的包装形式。

据早年间代理过陈鸿道的红罐凉茶的批发商回忆，由于产品销路不佳，很多凉茶还没过保质期，罐子都已经生锈了，他们不得不去找加多宝换货。

这极可能是陈鸿道放弃做八宝粥后，为砸在手里的马口铁找到的一个新用途。承德露露杏仁露选择马口铁三片罐包装也是这个道理，因为露露股份有限公司的前身是承德市罐头食品厂。并非消费者更喜欢这种包装，而是厂家出于一种"路径依赖"做出的选择。

不是陈鸿道不想用更物美价廉的铝罐，而是根本用不起。一般，只有年销量几千万、上亿罐的饮料才会上铝罐生产线。陈鸿道第一年用 60 万元租了王老吉商标，然后找工厂代工，钱已经花得差不多了。只能找生产工艺落后的小厂，少量、多次地生产。

拆东补西是一种精益创业思维，就成本而言是"花小钱，办大事"，当然，企业做到一定规模，仍不丢掉这种思维，有可能会被这种思维反噬。

3.高举高打

2002 年，陈鸿道从百事可乐挖了一名年薪 50 万元的销售高管，后来才发现百事出来的销售高管只能做单一的渠道。陈鸿道索性一鼓作气又挖来 5 名年薪 50 万元的销售精英。这在当时的同行中被传为一个笑话。因为那时加多宝只有凉茶一个单品，且包装形式也极其单一。

1 个亿的盘子，却搭建了 200 亿的销售班子。但陈鸿道不会蚀本的，资本家的原始冲动就是榨取剩余价值。

这种大马拉小车的架构，注定了加多宝必须采取高举高打的策略，才能实现人力资本价值的最大化。

集齐龙珠，方可召唤来神龙。销售高管到齐后的第二年，正好赶上非典，加多宝的市场份额开始腾飞。

如今，加多宝凉茶的年销售额已经接近 200 亿，其实，这是在 2002 年已经种下的种子。

加多宝的成功，再次印证了那句话：人才是企业唯一真正的资源。

4.假痴不颠

核桃能补脑？

这是"以形补形"的感性思维，现代营养学是没有"以形补形"这种说法的。找一些科普文章看看便知，核桃和补脑的说法极其牵强。当然，你若非要相信腰果能补肾，香蕉能壮阳，那是你的权利，谁也没办法。

"经常用脑，多喝六个核桃"，这种宣传其实会陷入一种悖论——经常用脑的人并不是那么好忽悠的。但一些女孩子爱买"六个核桃"，是因为核桃露富含植物蛋白，且核桃的含油率极高，这就可以解决困扰很多女孩的便秘问题。便秘解决了，上火问题也就解决了。所以，不少消费者的真实购买动机是"怕上火，喝六个核桃"。

核桃露是个好东西，功效有很多，挑其中的一项不靠谱的功效来"定位"，只能自我限制。

有一千个读者就有一千个哈姆雷特，有一千个消费者者也会有一千个可口可乐。

可口可乐可以是醒脑提神的灵药

可以是象征青春活力的软饮

可以是象征美国精神的奢华饮品

可以是快餐店里的廉价糖水

……

对于很多产品来说，与其自负地去抢占消费者的心智，不如将计就计地迎合消费者心智，迎合时代潮流。

对于某些弱势企业、小品牌来说，定位是一种不错的工具。通过拾遗补缺，可以见缝插针地切入一小块利基市场。苹果被微软干翻的那段岁月，苹果电脑就是靠"更好的图形设计电脑"这块利基存活，这其实也不是苹果给自己的定位，而是消费者给的，靠着这块"利基"，苹果得以幸存。

现在苹果会主动给自己一个定位吗？除了传统的PC台式机，笔记本电脑、智能手机、平板电脑、智能电视、智能手表……苹果这个平台要做的事情很多啊。

大平台、大品牌，要面对极其广阔的市场，要慎用定位，因为一不小心就把自己给钉死了。

对于凉茶行业来说，通过多元化的内涵，打造开放式的定位，可能是一种更加明智的选择。定位是自上而下的传播，开放式定位是自下而上的顺应。应该像可口可乐一样，内涵多元化，定位模糊化，顺应市场，不断为品牌注入新的活力。不要像红牛一样，一旦进入市场成长期、成熟期，最终也将面临销量增长滞缓、品牌形象老化等问题。把定位的权利让给消费者，才能使一款饮料常饮常新。

5.借尸还魂

20 世纪 90 年代，陈鸿道在香港到处打听，终于在一条偏僻的陋巷里，找到了王老吉凉茶祖铺，王家后人对凉茶生意已经失去信心，经过一番讨价还价，陈鸿道获得了海外王老吉配方的"独家永久专用"权，以及商标使用权。

借尸还魂，就是通过买断（或长租）一个老字号，运用现代传播理念、销售手段，使其畅销的商业手法。

这需要的不仅是强大的资本、高超的运营手段，还需要时代潮流、政治的东风。

加多宝租赁王老吉商标，正赶上了中国经济的飞速上升时期，而 2003 年的"非典"，又将其推上了一个新高度。

6.偷梁换柱

凉茶是一种汉方植物饮料，受西方饮料文化冲击，已日渐式微。

如果继续抱残守缺，凉茶这种饮料终将消失。连香港王老吉都曾经易主，加多宝集团勇于创新，抛弃了广东人凉茶越苦越好的观念，推出了改良版的王老吉凉茶。

加多宝凉茶与王老吉凉茶成分表完全一样，主要成分是水和糖。为了适应现代人的口感，这两种凉茶都经过多次口味改良，味道越来越甜。这是为了增强产品普适性所做的妥协。

对照广药出产的王老吉颗粒成分即可明白，这两种凉茶的草药成分已和王老吉凉茶原始配方大相径庭。

所以，两家的罐装凉茶都可以放心饮用，因为你所喝的并不是凉茶，只是一种带有凉茶风味的糖水。

7.顺势而为

加多宝凉茶有三怪：红皮、高价、铁罐卖。

红色装潢其实并不是陈鸿道首创，早在 1986 年就已公映的香港电影《僵尸家族》中，就有红色利乐包王老吉凉茶的镜头。应该说，这个红色包装是王健仪的首创，但是很可惜，香港的市场太小了。

王健仪也曾想到过要把王老吉凉茶卖到祖国大陆，但大陆的王老吉商标权不在她手里，而她自身的资金也很有限。1989 年 7 月，广州羊城药厂状告香港王老吉凉茶庄侵犯自己的王老吉权，经向国家工商行政管理局上诉，裁定港方败诉。

加多宝公司一开始是就着王老吉的"吉"字做文章，到 2012 年后，就改用加多宝的"宝"来做文章，无论吉还是宝，都带有中国民俗文化中的吉庆色彩，无论逢年过节还是亲朋喜相逢，摆上红色罐装饮料真是应景又讨喜。

加多宝红色罐装凉茶一开始的价格就比罐装可口可乐贵了 75% 以上，这是因为加多宝最初的成本比可口可乐高了 75% 以上。

当时，由于加多宝销量太小，无论对上游供货商还是代工厂商都没有任何议价能力。所以，加多宝的高定价也是顺势而为的产物。等到加多宝销售网络建成，产能瓶颈突破后，这种高定价就带来了巨大的利润空间。

铁罐装药茶，纯属无奈的抉择。味道偏甜，也是顺应了全世界人民都爱吃糖的潮流。

至于后来推出礼盒装王老吉、加多宝凉茶，更是对"吉庆"这一市场需求的顺应。

8.猛龙过江

外来的和尚会念经，外国的月亮比较圆。在法律允许的情况下，"挟洋自重"未必不是一种策略。

陈鸿道的港商身份，无疑为其经商带来了便利。所以，加多宝公司的一些特定职位也要用带有香港色彩的称谓，来强化这种港岛文化。

广药方面称："加多宝是在英属维尔京群岛注册的外资企业，是香港鸿道集团的全资子公司，企业性质为外资。"加多宝集团的外资背景，无疑也为企业经营带来了一定的益处。

"定位"这种来自纽约麦迪逊大街的洋理论，也为加多宝公司所青睐，成为公司的公关好素材。

9.移花接木

广药还没来得及庆祝自己夺回了王老吉商标，加多宝却已经推出了"怕上火喝正宗凉茶""正宗凉茶，加多宝出品"等广告，更在仲裁期间，推出双商标包装，将红罐王老吉的包装上加上醒目的"加多宝"三个字。

而此后的各种口水仗、公关战主要目的都是要让世人知道：加多宝就是原来的王老吉。

这样做的结果是将诞生两个势均力敌的凉茶品牌。而广药王老吉所要做的仅仅是以逸待劳。

10.以逸待劳

就品牌知名度而言，加多宝需要急火快炒，王老吉只需文火慢炖。王老吉早已经成为凉茶品类的代表，广药集团具有以逸待劳的优势。

广药甚至请来了"定位之父、营销大师"艾·里斯来为其背书："王老吉是中国唯一一个在历史长度、行业的地位和影响力方面可以与可口可乐媲美的饮料品牌，是真正的中国的可口可乐。"

无论公关战、广告战还是舆论战，可预料作为领导品牌的"凉茶始祖"王老吉一定是受益最大的。

加多宝的优势，在于其"核心竞争链"比较完整，有综合实力的优势，广药也在努力消弭其中的差距，未来鹿死谁手，尚未可知。

11. 树上开花

广药的销售团队，主要是以原来的绿盒王老吉销售团队为班底，并整编了一些从百事可乐、康师傅过来的销售人才。

就渠道而言，广药虽然目前还不占优势，但绿盒王老吉的长期存在，已经帮助广药练就了一支铁军。尽管像加多宝那种终端网络不是一朝一夕能够建成的，但广药具有品牌优势。

王老吉这块金字招牌，是广药制约大经销商的一张王牌。通过与大经销商联合，广药可以迅速补齐渠道短板，并逐渐赶超加多宝。

广药收回品牌后重新启用王老吉商标生产罐装凉茶，在产能、渠道和终端销售队伍上很快提升，越来越多的超市货架上出现了加多宝和王老吉并存的局面。

12. 攀龙附凤

2011 年 2 月，广药董事长杨荣明、总经理李楚源一行拜访了李嘉诚先生。广药与和记黄埔的联盟进一步加强。

加多宝这边也没闲着。2004 年，陈鸿道穿针引线成立了香港同兴药业有限公司，该公司的 5 位董事都是香港经济界知名人士，拥有雄厚的资历背景，2007 年、2010 年，黄光汉、徐展堂两位董事相继病逝。同兴药业董事会大变，新任的 3 名董事为王健仪、李达民和加多宝集团前发言人景雨淮。而李达民正是李兆基的亲弟弟。

李兆基和李嘉诚都出生于 1928 年，是香港商界屈指可数的教父级人物。1971 年，李兆基为自己的小儿子取名为同音的李家诚。港岛不大，此时两大富豪都已经崭露头角，应该是有商业上的交集的。

2013 年 3 月，加多宝在其官网发布了"加多宝集团致两会代表委员的一封信"，信中呼吁两会代表委员在研究、制定国家大政方针时，从加多宝的案例中得到借鉴，找到促进"非公经济"生存环境改善的具体办法，并将它们落到实处，信中再一次质疑广药集团索赔 10 亿元公理何在，并表示广药这种行为是赶尽杀绝。

广药随即以"五问"回应加多宝，称加多宝是"影帝"。

13. 远交近攻

利从近取，害以远隔。

加多宝方不仅与经销商、销售终端签订了排他性协议，更是在上游种植户、代工厂商等供应链上进行围堵。加多宝在各个环节发力，打造了一条广药在短期内难以突破的"核心竞争链"，为自己的品牌切换赢得了时间。

广药王老吉并非不知道"得终端者得天下"的道理，也非常想占据市场终端，但除了品牌，它从生产到销售都处于起步阶段。广药也一直在这方面发力，通过与中石化广东分公司签署协议，将红罐王老吉铺向中石化广东分公司的易捷便利店。中石化易捷便利店全国已有 27000 家，其中广东 1900 家。至少在华南市场上会让广药获得更多市场空间。

14.借船出海

所谓借船出海，关键在于"借船"，是指与他人合作，借用他人的资源来完成自己的事。别人愿意把船借给你，一方面是和你合作有好处，另一方面这不仅仅是一锤子买卖，而是一个长期互惠的合作。

加多宝的"邮差"分销商制度，正是加多宝公司借体外之力为己所用的一种策略。通过邮差提供的车辆、司机、搬运工，加多宝不用购置和管理太多的固定资产，即可实现对销售终端的绝对控制。

15.苦情计

加多宝公司在互联网上以一个外国儿童哭泣的画面，打出的"对不起"系列广告，一时博得了很多同情，广药指责这是"假悲情"，是希望用网络营销为自己达到"未赢官司，先赢民心"的效果。这种悲情营销对打响加多宝的知名度还是有帮助的。

广药方面称："2012 年 5 月，王老吉商标被判租用到期后，加多宝一直扮演'民企弱势者'的角色，试图故意制造国企与民企的对立来骗取消费者同情。十多年来，其利用外资身份在国内获得了土地、税收等特殊优惠。"

16.反间计

2011 年，广药集团授权广粮集团生产"王老吉固元粥"与"王老吉莲子绿豆爽"。加多宝对此很上火，立即做出了回应，称广粮集团王老吉新品类外包装侵犯了加多宝红罐王老吉特有的包装及装潢权。

不久，加多宝公布了另一个炸弹式消息：在注册号为 5799753 的商标中，有个名叫王付生的自然人申请了国际分类号为 30 的王老吉商标权，该分类号下的商品和服务列表中，"八宝饭""谷类制品""粥"等一一在列。

加多宝就此认为，"广药集团在王老吉粥类产品上根本'无权可授'"，广药在未获得王老吉粥类产品商标权的情况下，将王老吉商标授权给广粮实业生产固原粥的做法有违诚信原则。

广药的倪依东则表示，广药集团与广粮集团合作时已经告知对方，广药王老吉商标已经被国家工商总局评为驰名商标，享有保护政策。所以，王付生一定拿不到这一商标。王老吉粥类产品商标广药已在申请。王付生申请王老吉粥类产品商标，其商标流程之所以会出现"异议"，正是由广药集团提出的。当然，广粮集团在使用过程中，不加注册标志即可。

17. 以点带面

许多难以理解的流行潮流背后，其实是有原因的。发现其中的关键点，并控制这些关键点，就可以轻易地推动起一个流行潮流。

当大部分的批发商都不愿意代理陈鸿道的奇葩凉茶时，他采用了一种逆向打法：先搞定终端，再带动渠道。经销商的白眼和产品的高成本，让陈鸿道的目光转向了餐厅终端的食客。陈鸿道要把这些食客作为红罐王老吉的"源点人群"。他们既是"达人"，也是承受得起这种奇葩凉茶高价位的人。

在市场推广方面，加多宝采用的也是以点带面的策略，比如以福州、温州为根据地,逐步向北方推进。最后集中火力占领北京市场,从而带动北京周边地区。

18.无中生有

有无相生,难易相成。

为学日益,为道日损。损之又损,以至于无为。无为而无不为。

一个凉茶品牌,它可以有各种内涵:通过节庆营销,可以赋予其"吉祥"的内涵,通过追溯历史的公关活动,可以赋予其"正宗"的内涵,通过体育营销,可以赋予其"运动"的内涵,通过娱乐营销,可以赋予其"快乐"的内涵……这样就能不断根据市场走向,不断为品牌注入新的活力。

加多宝集团投资重金,强化王老吉的广告宣传,甚至拍摄了一部讲述王老吉凉茶创始人行医的电视剧《岭南药侠》。不要定位,反而是最好的定位。

19.成人达己

公益,就是公众的利益。企业的盈利,来自于公众,取一部分利润回馈给公众,捐赠公益事业,是帮助别人,也是成就自己。加多宝在公益事业上的付出有目共睹——

· 2001 年,出资 5.3 万元帮助 13 名温州贫困高考生。
· 2008 年,向汶川地震灾民捐赠人民币 1 亿元。

·2009 年，资助了 25 个阳光操场的建设，改善了 25 所小学操场状况。

·2009 年起，持续 3 年资助 1000 名孤儿，每位孤儿每年获得 1500—2000 元资助。

·2009 年 4 月，成立"加多宝扶贫基金"。

·2010 年，向玉树地震灾区捐款人民币 1.1 亿元。

·2010 年，捐赠 61000 箱昆仑山矿泉水送往西南旱灾地区以及玉树灾区。

·2010 年，捐赠人民币 2000 万元用于舟曲泥石流受灾地区。

·2011 年，云南盈江发生 5.8 级地震，加多宝捐赠 10 万元。

·2011 年 1 月，设立"加多宝小额信贷种子基金"，资助舟曲泥石流灾民重建房屋。

·2011 年 10 月，援助 200 万元人民币，帮助贫困、偏远地区学校搭建宿舍楼。

·2013 年 4 月，四川芦山发生 7.0 级地震，加多宝向地震灾区捐助 1 亿元。

商战归商战，公益归公益。加多宝的善举不但帮助了有困难的人，也增强了自己的美誉度，树立了加多宝热心公益的企业形象。

20.釜底抽薪

"怕上火，就喝王老吉"，是加多宝公司花了十多年时间打出的一个广告语，当商标被收回后，加多宝当然想从中挽回一些损失，所以将广告口号改为"怕上火喝加多宝"。广药要求加多宝禁用该宣传口号，可谓釜底抽薪。

加多宝不但继续使用，且以彼之道还施彼身。不久，加多宝请出王泽邦第五代玄孙女王健仪亮相并发表声明，称在20世纪90年代已将祖传秘方授予了鸿道集团"独家永久专用"。从未授予其他企业或个人，过去是，现在是，将来也是。

广药情急之下仓促应战，抛出了"凉茶无秘方"的说法。但不久又改说凉茶秘方之秘在于成分的配比。加多宝方面表态称，广药的频繁改口，已说明了其心虚。

广药方面表示，广州市公证处已从王泽邦家族的谱系传承、王老吉秘方、工艺、王老吉第四代后人的档案等各方面进行了公证，10份公证材料证明了广州王老吉拥有王老吉凉茶独家秘方。

21.围魏救赵

广药直指王健仪其实是个"诈骗犯"，则是要从侧面瓦解王健仪的独家秘方之说。

媒体公开报道显示，王健仪于1997年10月6日利用一张虚假发票，向广安银行（后易名星展银行）诈取9万港元的信用证信贷。其后，在1998年2月12日至2003年3月28日期间，王健仪又通过改动总额为136.33万港元的发票，获得英利信用财务有限公司批出的6笔分期付款贷款。

由此可以推断，陈鸿道获得海外王老吉的授权，所开出的价格极低，以至于王健仪不得不继续想办法筹钱度日。

2008年，王健仪被香港廉政公署起诉。该案在香港区域法院审判，王健仪被裁定 7 项伪造账目罪名成立。

由此可见，传统的王老吉凉茶早已失去了市场，以至于王泽邦的后人从第四代开始就已经济紧张。

广药称王健仪为诈骗犯，采用的是围魏救赵之计。2014 年 8 月，广药白云山又发起第二轮攻势，发布公告宣称将对广药合资公司王老吉药业的董事长王健仪提起上诉，原因是其多次为竞争对手加多宝站台。

22. 上屋抽梯

凉茶大战给全国观众普及了一个法律概念，叫诉中禁令。这本是一个舶来品，其目的是加强对知识产权的临时保护，在我国也仅明确存在于商标和专利权的保护中。2013 年 1 月 31 日，广州中级人民法院发出诉中禁令裁定书，叫停加多宝广东公司使用这一广告语。

加多宝已经与电视台高价签订的广告合同，岂能说停就停？裁决书一出，加多宝与广药间的"口水战"再次升级，广药王老吉高调宣布将启动全面维权，而加多宝则愤怒表示，该诉中禁令判决严重违背事实，公司坚决不执行。

23. 欲擒故纵

加多宝用王老吉这个品牌开拓了凉茶品类，已经使王老吉成为一个难以超越的领先品牌。加多宝所要做的，就是尽量增加和王老吉在一起的曝光率。

加多宝主动在媒体上刊文称，为维护每一位消费者的权益，加多宝必须告诉广大消费者两个红罐凉茶的真相：红罐加多宝凉茶完全不同于红罐广药王老吉。

尽管嘴上说加多宝不等于王老吉，实际上还是给人一种双雄共舞的印象。

24.多头下注

加多宝龟苓膏、加多宝绿豆爽、加多宝乌龙茶、加多宝绿茶、加多宝冰红茶……这些都加多宝早年出产的东西。

中国的市场极其广阔，一般的市场调查和数据分析，经常会导致错误的决策。通过多头下注的试错，可以发现真正的"爆款产品"。

加多宝一开始就采用了多元化战略，这种低成本的多元化，其实可以起到"孵化器"的作用。不必否定多元经营，没有多元化就不会测试出凉茶这个"种子选手"。这就好比玩德州扑克，不论牌好牌坏你都应跟上两轮，再决定弃牌或加码赌。

如果有一天，你在市场上重新看到加多宝令人眼花缭乱的产品线，请勿惊怪，那说明凉茶这个品类已经衰退了，加多宝在做新一轮的"多头下注"测试。

25.攻心为上

2012 年 5 月之后，加多宝公司的红罐凉茶以"加多宝"为名。加多宝公司还在各种广告中宣传"全国销量领先的红罐凉茶已改名加多宝""不再使用过去十七年沿用的商标""还是原来的配方，还是熟悉的味道"，目的只有一个，就是要抢占消费者的心智资源。

26.偷天换日

加多宝最让人费解的地方是，在经营王老吉品牌时到处宣传说"心智不可改变""占领心智是唯一、持久的优势""心智一旦认定，就无法改变"。在经营加多宝品牌时又到处宣讲：通过用"改了名字的凉茶领导者"这一定位，把顾客心智中的凉茶代表位置给继承了过来。品牌切换已经成功，消费者心智又被自己重新占领。哎！怎么听着都有以子之矛攻子之盾的感觉。

27.反客为主

为了"吉庆时分"四个字，广药和加多宝再度撕破脸。加多宝谴责广药抄袭使用"吉庆时分"商标后，广药旗下王老吉大健康产业有限公司表示，国家工商总局商标评审委员会已经受理了其撤销"吉庆时分"商标注册的申请，并声称目前"吉庆时分"注册商标专用权并不确定有效。对此，加多宝重申其注册商标"吉庆时分"受法律保护，为此广药 10 万余箱凉茶产品已在全国"因涉嫌侵权"遭查封。

加多宝曾表示："2012 年 4、5 月间，广药集团在未征求王老吉后人意见的情况下，擅自以其先祖王泽邦及其后人的图像，向国家商标局申请四个图形商标。对此，我们表示强烈反对，并将会依法律程序捍卫我们的合法权益。"

王健仪也多次在公开场合表示："无论是现在的加多宝红罐，或是以前由加多宝在国内生产销售的红罐凉茶，都是沿用王泽邦的秘方。"

28.顺手牵羊

多元化，是饮料行业的整体趋势，加多宝不可能永远只做凉茶。

目前加多宝的主营业务架构采取"二元扩张战略"，一方面继续巩固其在凉茶行业的领军地位；同时深耕高档矿泉水市场。

矿泉水最主要的成本在于水源维护、灌装工厂的投资以及物流成本、营销成本。

昆仑山是加多宝主打的高端矿泉水品牌，在渠道方面，会利用或者共享凉茶业务的优势渠道，这是一种顺手牵羊的策略。

然而，昆仑山高端矿泉水的定位与加多宝的渠道兼容性不够。

基于矿泉水"高档水"的品牌体验决定了它主要在以下渠道销售：

（1）全国KA；（2）铁路机场销售系统；（3）政府企业团购；（4）高档会所；（5）星级酒店；（6）高尔夫球场；（7）加油站；（8）电影院；（9）高档社区等。

对比加多宝凉茶的渠道可知，目前就渠道优势来说，昆仑山矿泉水并不比恒大冰泉领先多少。

29.围师遗阙

一方面，广药和加多宝都是"大而不倒"的大企业，谁都没有足够的实力将对方置于死地，更何况杀敌一千，自损八百。广药和加多宝也知道留下这样一个对手对自己有好处，比如共同应对凉茶行业的危机公关。所以，双方基本上已经停止战火。偶尔的口水仗，只是为能换来媒体的免费宣传。

30. 敲山震虎

2011 年 11 月起，广药集团宣布开始实施"大健康产业战略"，具体举措包括：在全球范围内公开招募新合作伙伴，共享"王老吉"品牌资源，把"王老吉"品牌向药酒、药妆、保健品、食品、运动器械等多个领域扩张，计划到 2015 年将王老吉品牌下属产品的销量提升到 500 亿元。

这其实是广药逼加多宝"去王老吉化"的一招佯攻技巧。果然，加多宝立刻指责广药集团"缺乏商业伦理"。加多宝害怕广药此举会稀释红罐装王老吉的品牌价值——这是加多宝无论如何都不愿接受的。与其这样，还不如自己砸钱打造一个品牌呢。

31. 增兵减灶

将军赶路，不追小兔。加多宝能够成功，一个重要原因就是专注和聚焦，牢牢看好自己的地盘。在 17 年间，加多宝只专注于做凉茶，只有一个产品，只有一个品牌，就是红罐王老吉凉茶，而且只向消费者传递一个信息——正宗的防上火饮料。

加多宝一直高调宣布自己的优势在于"定位"，其实是一种"增兵减灶"的障眼法。加多宝近两万名员工，绝大部分是销售人员，其中终端销售员近万人。

从大卖场到小店，从餐厅到大排档，从夜店到网吧，加多宝用十几年时间掌控了上百万个销售终端。毫不起眼的路人甲，可能正是加多宝的销售人员。他们都是训练有素的凉茶推销员，海报怎么贴；条幅怎么拉；堆头怎么摆；与客户第一句话怎么说，第二句怎么说；怎么与店主拉近关系……都有督导手把手来教，将这种考验耐心地执行、检查、反馈贯彻到每一个销售环节中去。

相比其他快消品同行，加多宝在薪酬管理和绩效考核方面更为合理，其采用"60%基本工资+40%绩效工资"的薪酬模式，员工待遇排在饮料行业前列。

32.顺水推舟

如果说广药前期还有意让加多宝多付一些商标租赁费，到了后期，广药是真心想要收回王老吉商标了。

因为白云山的退市计划，为了安抚各股东，客观上需要将"王老吉"商标注入白云山。前期的僵持，还只是讨价还价的博弈，到了后期则是真正的争夺了。

33.大鸣大放

加多宝前十几年的策略都是隐忍、闷声发大财的策略。

在这场凉茶大战的中后期，加多宝抱着"宁鸣而死，不默而生"的态度，与国企之间展开了短兵相接的舆论战、口水战、诉讼战，可谓大鸣大放。

无论沉默还是高调，目的都在利益与安全的最大化。运用之妙，存乎一心。

34.出师有名

广药收回王老吉商标，一个关键理由是加多宝公司获取商标程序有瑕疵。这也成了加多宝这商标争夺战中的一个硬伤。而加多宝打出悲情营销牌的时候，广药则直指其为"英资"企业。当王健仪为加多宝站台，指出加多宝为唯一秘方使用者的时候，广药又指出王健仪不诚实，有过诈骗案底。每一次都见招拆招，师出有名。

35.先礼后兵

据广药的说法，2008 年以来，广药以电话、公函、律师函等方式多次与鸿道集团联系，对方皆以"董事长不在"为由不予理睬。"为协商解决商标授权问题，广药专门派出高管到其香港总部沟通，对方仍说'董事长不在'将广药拒之门外，导致王老吉商标纠纷无法进行对话。"

很多人都在关注加多宝与广药的凉茶大战何日熄火，广药的一位高层表示，加多宝董事长潜逃无法对话，广药只能诉之于法律。在和解之路上，我们进行了多次努力，但都没成功。甚至在收回王老吉商标授权之后，仍多次在公开场合表达双方合作的意愿，但并没有得到对方的响应。这与加多宝陈鸿道潜逃海外的缺位关系密切，正是陈鸿道一步步激化了王老吉之争。

36.审时度势

有一种未经证实的说法，陈鸿道早年是"游水"到的香港，后逢香港大赦，获得了永久居民权。

1992 年邓小平南方视察之后，中国人的南下打工潮呈波澜壮阔之势，大量的廉价劳动力涌入广东。对陈鸿道来说，这也是返乡创业的一个重大利好。

大势来时，插根扁担都会开花。时来天地皆同力，运去英雄不自由！

附录 *2*

凉茶大战时间线

■ 1986 年，羊城药厂注册了王老吉商标生产药品。

■ 1990 年，陈鸿道前往位于香港的王老吉"百年祖铺"，洽谈秘方和商标使用事宜，与王健仪达成合作协议。

■ 1991 年，鸿道发展（中国）有限公司在香港成立。

■ 1992 年，羊城药厂开始生产销售王老吉罐装和盒装凉茶，同年，"王老吉"商标被评为广东省著名商标。

■ 1992 年，陈鸿道生产王老吉并在中国大陆销售。但由于商标法已经正式实施，陈鸿道生产的凉茶只能以王老吉"清凉茶"命名。

■ 1994 年，陈鸿道找到羊城制药厂要求租赁王老吉商标。

■ 1995 年 3 月，鸿道公司与羊城制药厂签订了第一份商标许可合同。许可期限自 1995 年 3 月起至 2003 年 1 月止。陈鸿道从广药集团取得红色易拉罐装王老吉凉茶在内地的独家经营权，广药自己则经营绿色利乐包装的王老吉。鸿道集团第一年向广药集团交付商标使用费 60 万元，以后每年递增 20%。同年，鸿道集团生产的红色易拉罐装"王老吉"凉茶在东莞上市。

■ 1997 年 2 月，羊城药厂并入广药集团，广药集团与鸿道集团修订合同，约定 1997 年支付商标使用费 200 万元，1998 年起每年支付 250 万元。

■ 1998年9月17日，鸿道发展（中国）有限公司投资成立了全资子公司加多宝公司，专事运营王老吉凉茶。

■ 1999年，陈鸿道得知商标续签无悬念，授权加多宝在东莞建成第一家工厂。

■ 2000年，由于鸿道将商标使用权授予子公司加多宝集团，广药和鸿道再次签署合同，合同规定加多宝集团使用"王老吉"商标权有效期至2010年5月2日截止。

■ 2002和2003年，陈鸿道和广药又签署了两份补充协议，在两份补充协议中同意加多宝对"王老吉"商标租借期限延长至2013年和2020年。

■ 2002年11月，广药亦从王健仪手中获得10年的王老吉"海外商标使用权"，显示出广药王老吉也有全球化意图。

■ 2003年，广东凉茶被列入防治非典用药目录，王老吉凉茶（含绿盒）的销售收入迅速从2002年的1.8亿元（含绿盒）跃升到2003年的6亿元。

■ 2004年3月4日羊城药业更名为"广州王老吉药业股份有限公司"。

■ 2004年6月，李益民因涉嫌经济问题被广州市纪委"双规"。

■ 2004年7月，一家名为同兴药业的香港公司在陈鸿道的支持下成立。

■ 2004年8月，鸿道发展（中国）有限公司更名为王老吉有限公司。

■ 2004年8月，香港同兴药业有限公司以增资入股的形式与广州药业股份有限公司（现称"广州白云山医药集团股份有限公司"）设立广州王老吉药业股份有限公司，双方各占48.0465%股权，剩余3.9070%股份为职工股，合作期至2014年结束。作为合资公司的两大并列股东，白云山和香港同兴药业约定每三年轮换一次董事长。2005年，同兴药业派出李祖泽担任王老吉药业董事长；2008年，广药派出施少斌担任董事长、总裁；到2010

年，出任的为同兴药业董事长王健仪。

■ 2004 年加多宝累计广告投入 1 个亿，红罐王老吉销量突然激增，销售额突破 10 亿元。

■ 2005 年，广药集团总经理李益民因收受了陈鸿道总共 300 万港币的贿赂入狱，同年 9 月，李益民被判处无期徒刑，剥夺政治权利终身，并没收个人全部财产。

■ 2005 年 10 月，广东公安将陈鸿道逮捕，当月 19 日，陈鸿道取保候审却弃保外逃。

■ 2006 年，王老吉凉茶申遗成功，次年，广药王老吉又获得凉茶 102 号秘方及专用术语。

■ 2007 年，加多宝销售网络基本覆盖全国，销售收入增至 90 亿元。

■ 2008 年，汶川地震爆发，陈鸿道以加多宝名义捐出 1 亿元，"王老吉"凉茶名声大噪。红罐王老吉销售突破 100 亿元。

■ 2008 年起，广药就针对两份补充协议无效一事与鸿道集团交涉，未果。

■ 2010 年王老吉销售额增加到 150 亿元。

■ 2010 年 11 月，广药在北京召开新闻发布会，宣布"王老吉"品牌价值过千亿，加多宝集团竟然被排斥于该新闻发布会之外，并对广药集团的"大健康产业"计划一无所知，其愤怒自是可想而知。随后加多宝发布声明澄清与广药之间没有隶属关系，双方矛盾公开化。

■ 2011 年 4 月 26 日，广药集团向中国国际经济贸易仲裁委员会正式提出仲裁申请。

■ 2012 年 5 月，仲裁委员会发出仲裁结果，王老吉商标被判租用到期。鸿道旗下加多宝公司在此日期后已无权使用"王老吉"商标。加多宝则声称有协议指双方到 2013 年才到期。

■ 2012 年 5 月加多宝举行的新闻发布会上，王恒裕的香港传人王健仪首次以加多宝集团名誉董事长身份登台声援加多宝。

■ 2013 年年初，香港及台湾销售的王老吉亦相继改名为加多宝，进一步"去王老吉化"。而海外（如马来西亚）生产的王老吉则继续沿用王老吉商标，英文名为 Wong Lo Kat Herbal Drink。

■ 2013 年 2 月 4 日，加多宝在其微博上连发四条主题为"对不起"的自嘲系列文案，并在上面配以儿童哭泣的图片，

■ 2013 年 12 月 20 日，广州市中级人民法院对该案进行一审宣判，其涉案的"全国销量领先的红罐凉茶改名加多宝"等两个广告语构成虚假宣传，判令加多宝公司立即停止使用上述广告语，赔偿广药集团经济损失等1081 万余元，并在媒体上道歉。而加多宝公司则当庭表示将发起上诉。